古老哲学

哲学流派与经典著作

肖东发 主编　高立来 编著

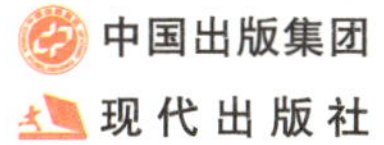

图书在版编目（CIP）数据

古老哲学 / 高立来编著. — 北京：现代出版社，2014.10（2020.01重印）
（中华精神家园书系）
ISBN 978-7-5143-2966-7

Ⅰ. ①古… Ⅱ. ①高… Ⅲ. ①古代哲学—哲学流派—介绍—中国 Ⅳ. ①B21

中国版本图书馆CIP数据核字(2014)第236514号

古老哲学：哲学流派与经典著作

总 策 划：陈　恕
主　　编：肖东发
作　　者：高立来
责任编辑：王敬一
出版发行：现代出版社
通信地址：北京市定安门外安华里504号
邮政编码：100011
电　　话：010-64267325 64245264（传真）
网　　址：www.1980xd.com
电子邮箱：xiandai@cnpitc.com.cn
印　　刷：山东省东营市新华印刷厂
开　　本：710mm×1000mm　1/16
印　　张：11
版　　次：2015年4月第1版　2020年1月第3次印刷
书　　号：ISBN 978-7-5143-2966-7
定　　价：40.00元

党的十八大报告指出："文化是民族的血脉，是人民的精神家园。全面建成小康社会，实现中华民族伟大复兴，必须推动社会主义文化大发展大繁荣，兴起社会主义文化建设新高潮，提高国家文化软实力，发挥文化引领风尚、教育人民、服务社会、推动发展的作用。"

我国经过改革开放的历程，推进了民族振兴、国家富强、人民幸福的中国梦，推进了伟大复兴的历史进程。文化是立国之根，实现中国梦也是我国文化实现伟大复兴的过程，并最终体现为文化的发展繁荣。习近平指出，博大精深的中国优秀传统文化是我们在世界文化激荡中站稳脚跟的根基。中华文化源远流长，积淀着中华民族最深层的精神追求，代表着中华民族独特的精神标识，为中华民族生生不息、发展壮大提供了丰厚滋养。我们要认识中华文化的独特创造、价值理念、鲜明特色，增强文化自信和价值自信。

如今，我们正处在改革开放攻坚和经济发展的转型时期，面对世界各国形形色色的文化现象，面对各种眼花缭乱的现代传媒，我们要坚持文化自信，古为今用、洋为中用、推陈出新，有鉴别地加以对待，有扬弃地予以继承，传承和升华中华优秀传统文化，发展中国特色社会主义文化，增强国家文化软实力。

浩浩历史长河，熊熊文明薪火，中华文化源远流长，滚滚黄河、滔滔长江，是最直接的源头，这两大文化浪涛经过千百年冲刷洗礼和不断交流、融合以及沉淀，最终形成了求同存异、兼收并蓄的辉煌灿烂的中华文明，也是世界上唯一绵延不绝而从没中断的古老文化，并始终充满了生机与活力。

中华文化曾是东方文化摇篮，也是推动世界文明不断前行的动力之一。早在500年前，中华文化的四大发明催生了欧洲文艺复兴运动和地理大发现。中国四大发明先后传到西方，对于促进西方工业社会的形成和发展，曾起到了重要作用。

中华文化的力量，已经深深熔铸到我们的生命力、创造力和凝聚力中，是我们民族的基因。中华民族的精神，也已深深植根于绵延数千年的优秀文化传统之中，是我们的精神家园。

总之，中华文化博大精深，是中国各族人民五千年来创造、传承下来的物质文明和精神文明的总和，其内容包罗万象，浩若星汉，具有很强的文化纵深，蕴含丰富宝藏。我们要实现中华文化伟大复兴，首先要站在传统文化前沿，薪火相传，一脉相承，弘扬和发展五千年来优秀的、光明的、先进的、科学的、文明的和自豪的文化现象，融合古今中外一切文化精华，构建具有中国特色的现代民族文化，向世界和未来展示中华民族的文化力量、文化价值、文化形态与文化风采。

为此，在有关专家指导下，我们收集整理了大量古今资料和最新研究成果，特别编撰了本套大型书系。主要包括独具特色的语言文字、浩如烟海的文化典籍、名扬世界的科技工艺、异彩纷呈的文学艺术、充满智慧的中国哲学、完备而深刻的伦理道德、古风古韵的建筑遗存、深具内涵的自然名胜、悠久传承的历史文明，还有各具特色又相互交融的地域文化和民族文化等，充分显示了中华民族的厚重文化底蕴和强大民族凝聚力，具有极强的系统性、广博性和规模性。

本套书系的特点是全景展现，纵横捭阖，内容采取讲故事的方式进行叙述，语言通俗，明白晓畅，图文并茂，形象直观，古风古韵，格调高雅，具有很强的可读性、欣赏性、知识性和延伸性，能够让广大读者全面接触和感受中国文化的丰富内涵，增强中华儿女民族自尊心和文化自豪感，并能很好继承和弘扬中国文化，创造未来中国特色的先进民族文化。

2014年4月18日

仁政思想——儒家经典

道法自然——道家经典

以法治国——法家经典

百花齐放——各家各派

儒家经典

华夏民族经过长期发展，在夏、商、周时期，已经形成了一定的价值观和行为规范。到了春秋时期，由于诸侯争霸，造成“礼崩乐坏”。鲁国思想家孔子在总结、概括和继承夏、商、周三代传统文化的基础上，创造性地提出了“仁、义、礼、智、信、恕、忠、孝、悌”的主张，以建立一种新的和谐秩序。

孔子顺应了历史发展潮流，他所创立的儒家学说是当时最重要的学派。儒家思想后经孟子、董仲舒等人的进一步发展，成为了我国古代的主流思想，产生了一系列儒家经典著作，代表了儒学思想的传承，对后世有巨大的影响。

儒家元圣周公旦与《周礼》

那是在西周建国初年，周武王姬发在灭商建周后的第二年，忽然重病缠身，卧床不起。临终之时，周武王拉着自己的弟弟周公的手，希望他辅佐周成王姬诵掌管国事。

周公旦画像

周公，姓姬名旦，又称叔旦，是周文王姬昌第四子，周武王的弟弟。因其采邑在周地，爵位为公，所以人们称它为“周公”或“周公旦”。

周公在周武王临终之际受命摄政，深感自己肩负的使命，关乎周王朝的兴衰。当时周成王年仅13岁，周公辅佐周成王，殚精竭虑，励精图治，进一步巩固了西周政权。

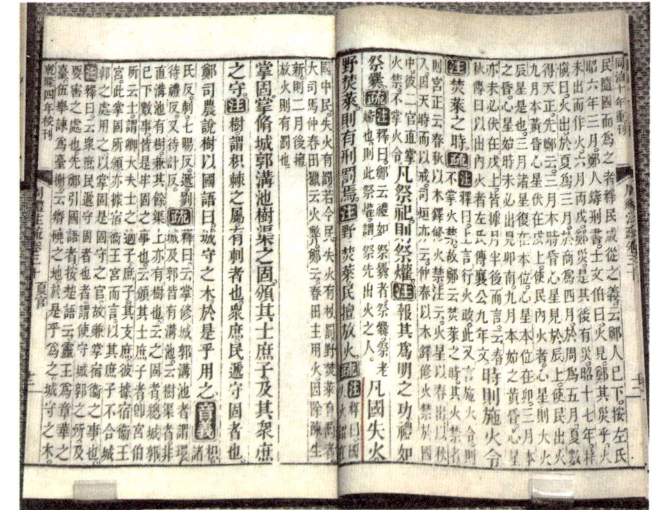

古籍《周礼》书影

周武王的另外两个弟弟管叔和蔡叔对周公辅政心中不服，他们四处散布流言蜚语，说周公有篡夺王位的野心，有可能谋害年幼的周成王。

周公听到这些话后，便对同时辅佐朝政的大臣太公望和召公说：“我所以不顾个人得失而承担摄政重任，是怕天下不稳。如果江山变乱，生灵涂炭，我怎么能对得起列祖列宗？”

为了避嫌，周公让儿子伯禽迁到封地鲁国去居住，他叮嘱伯禽说：“我是武王之弟、成王之叔父，论身份地位，在国中是很高的了，但是我时刻注意勤奋俭朴，谦诚待士，唯恐失去天下的贤人。你到鲁国去，千万不要骄狂无忌。”

为了让这众多的邦国对周王朝心悦诚服，周公总结了“三皇五帝”时期的治世理念，甄别夏、商两个朝代的利、害、得、失后，决定为千秋万世制定一整套顺天理、达人情的典章制度和礼仪规定。史称“制礼作乐”。

周公在制定礼乐制度时，主要制定了“畿服”制、“爵谥”制、“法”制、“嫡长子继承”制和

太公望（前1156年—前1017年），即姜子牙，姜姓，周文王赐姓吕氏，名尚，一名望，字子牙，或单呼牙，也称吕尚，别号飞熊，他先后辅佐了六位周王，因是齐国始祖而称“太公望”。西周初年，被周文王封为“太师”。

周公旦制礼作乐群像画

“乐”制等，其中最重要的是嫡长子继承制和贵贱等级制。

另外，周公旦还制定了一系列严格的君臣、父子、兄弟、亲疏、尊卑、贵贱的礼仪制度，以调整中央和地方、王侯与臣民的关系，加强中央政权的统治。为了让周王“治天下如指之掌中”，周公把典章制度和礼仪规定制定得非常详细和具体。

周公制定的礼乐制度，是维护周王朝等级制度的政治准则和道德规范，其吉礼、嘉礼、凶礼、宾礼、军礼强调的是身份和地位的区别，因此，“礼”是一种等级制度和秩序。

乐是配合各贵族进行礼仪活动而制作的舞乐，作用是“和”，即改善上下左右的人际关系，目的是为了巩固周朝内部的团结。舞乐的规模，也必须同享受的级别保持一致。

作为完善的国家典制，礼乐制度把一切事物都

礼 礼在我国古代是社会的典章制度和道德规范，礼主要是对人的身份进行划分和社会规范，用于定亲疏，决嫌疑，别同异，明是非，最终形成等级制度。作为典章制度，它是社会政治制度的体现。

安排得井然有序。周公把这一系列典章制度制定后，他便把朝政还给周王掌管。为了让周王用心治理国家，周公在还政周成王时，还作了《多士》《无逸》等训戒名篇，赠与周成王，这便逐渐演变成了后来的《周礼》。

《周礼》原名《周官》，是周公旦所著的一部通过官制来表达治国方案的著作。《周礼》以《天官》《地官》《春官》《夏官》《秋官》《冬官》等6篇为间架。书中所涉及之内容极为丰富，大至天下九州，天文历象；小至沟洫道路，草木虫鱼。凡邦国建制，政法文教，礼乐兵刑，赋税度支，膳食衣饰，寝庙车马，农商医卜，工艺制作，各种名物、典章、制度，无所不包，堪称为上古文化史之宝库。

《周礼》对官员、百姓，采用儒法兼容、德主刑辅的方针，不仅显示了相当成熟的政治思想，而且有着驾驭百官的管理技巧，其管理府库财物的措施，严密细致，相互制约，体现了高超的运筹智慧。

《周礼》作为一部治国纲领，成为了中国封建社会历代政治家取法的楷模。书中有许多可以借鉴的制度，历史上每逢重大变革之际，多有把《周礼》作为重要的思想资源，从中寻找变法或改革的思想武器者。

阅读链接

周武王灭掉商纣王后，对如何处置殷商遗民和商贵族的问题一时拿不定主意。于是，周公建议周武王：让殷人在他们原来的住处安居，耕种原来的土地。同时，把他们当中有影响有仁德的人争取过来为周王所用，这样就能化解殷的人们对我们的仇恨，使他们臣服周室。周武王便采取了周公的这些建议，将其付诸实施。

周公这种给殷人以生路，就地安置，分化瓦解的政策，有效地争取了殷人，让殷人对周王朝心悦诚服，因而巩固了西周政权。

儒家至圣孔子与《论语》

孔子画像

在我国东周时期，周王室东迁后日益衰微，逐渐丧失了宗主地位，各个诸侯为了争夺霸主地位，开始了长期的兼并战争。

这期间，鲁国的孔子面对“礼崩乐坏”的社会现实，痛心疾首。为了建立一种新的秩序和规则，他决心恢复周公建立的礼乐制度，提出了“克己复礼”的主张，并用“仁”对“礼”进行改造，提出并完善了“仁学”理论。

孔子认为，“仁”就是“爱人”，就是对人要尊重、关心和体谅。“仁”既是每个人必备的修养，

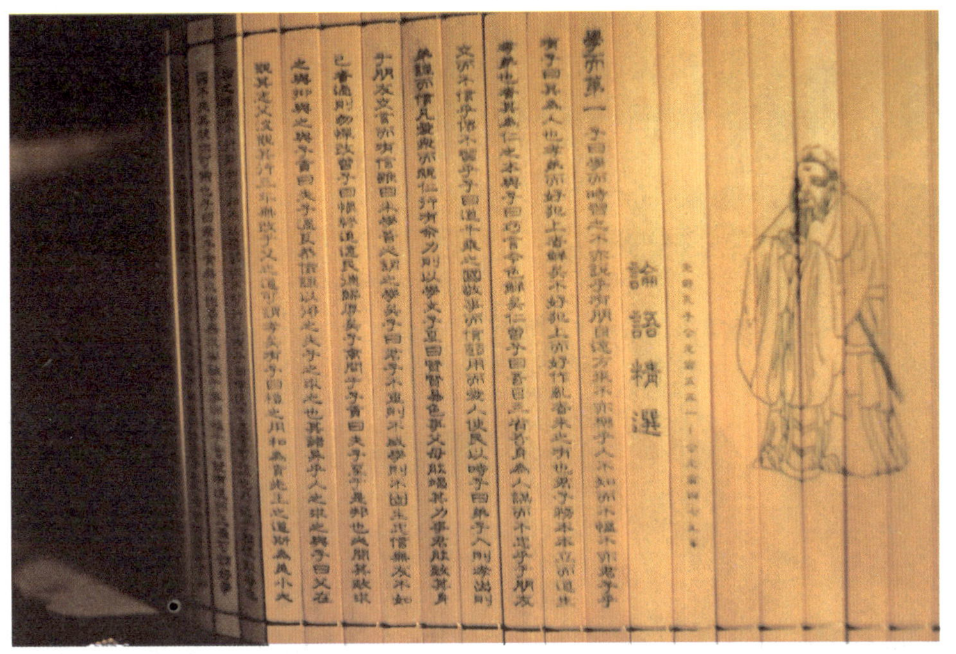

《论语》竹简

又是治国平天下必须遵循的原则。

孔子把孝悌看成“仁”的根本，他把“仁”运用到政治领域，就是重视人民，关心百姓的疾苦，就是“德治”。为了实践“仁”，孔子十分重视“礼”，主张克制自己，使自己的言论行为都符合礼的要求。

一天，孔子的学生子贡向孔子请教：“老师，什么是仁？如何做到仁？”

孔子回答：“克制自己，恢复周礼，就是仁；以周礼为标准，时时处处严格要求自己，使自己的言行符合周礼，就是做到仁了！”

为了实现自己的这一政治主张，孔子经过了长达15年的在各诸侯国的游说。然而，由于当时各诸侯国都是忙于争霸，并没有谁采纳他以“仁”治国的政治主张。

颠沛流离十几年后，年近70岁的孔子在并未实现

子贡（前520年—前456年），端木赐，复姓端木，字子贡。孔子弟子。春秋时期著名政治家、儒商之祖。子贡利口巧辞，且有干济才。曾任鲁、卫两国之相。他还善于经商之道，富致千金，为孔子弟子中首富。孔子去世后，子贡守丧6年，为孔子弟子中为孔子守丧最长者。

孔子讲学图

自己政治主张的情况下，回到鲁国，专事讲学和历史文献的整理，并把自己的政治主张和思想抱负倾注于笔端，成为我国历史上私学的开山鼻祖，开创了影响我国知识分子2000多年的儒家学派。

孔子一生从事教育事业达40多年之久，门生众多。据史料记载孔子弟子有3000人，其中才华出众、品德优良者72人。

孔子去世后，他的主要弟子及其再传弟子将孔子的言行整理成书，书名叫《论语》，内容包括孔子谈话、孔子答弟子问、弟子之间的相互讨论以及弟子对孔子的回忆等，集中体现了孔子的政治主张、论理思想、道德观念及教育原则等。

《论语》成书于战国初期，西汉时流传有《鲁论语》《齐论语》和《古论语》3种抄本。西汉末安昌侯

《礼记》是我国古代一部重要的典章制度书籍，儒家经典之一。该书编定是西汉礼学家戴德和他的侄子戴圣。后来这部书便盛行不衰，并由解说经文的著作逐渐成为经典，到唐代被列为“九经”之一，对后世影响巨大。

张禹以《鲁论》为基础，合《鲁论》《齐论》为一，称《张侯论》。东汉末郑玄又以《张侯论》为底本，参照《齐论》《古论》作《论语注》，遂为《论语》定本，被列为“七经”之一。

南宋时，著名思想家朱熹将《论语》和《孟子》以及《礼记》中的《大学》《中庸》合编为“四书”，又与《诗经》《尚书》《礼记》《周易》《春秋》并称为“四书五经”。后来成为读书人科举考试的必读书目，对后世影响很大。

《论语》作为一部涉及人类生活诸多方面的儒家经典著作，许多篇章谈到做人的问题。

孔子认为，一个人要正直，只有正直才能光明磊落，只有心中坦荡，做事才没有担忧。

做人要重视“仁德”，这是孔子在做人问题上强调最多的问题之一。在孔子看来，仁德是做人的根本，是处于第一位的。孔子还认为，只有仁德的人才能无私地对待别人，才能得到人们的称颂。

孔子提出仁德的标准，这就是刚强、果断、质朴、语言谦虚的人接近于仁德。同时他还提出实践仁德的5项标准，即："恭、宽、信、敏、惠"，即恭谨、宽厚、信实、勤敏、慈惠。他说，对人恭谨就不会招致侮辱，待人宽厚就会得到大家拥护，交往信实别人就会信任，做事勤敏就会取得成功，给人慈惠就能够很好使唤民众。孔子说能实行这五种美德者，就可算是仁了。

孔子强调做人还要重视全面发展。他说：

志于道，据于德，依于仁，游于艺。

意思是说，志向在于道，根据在于德，凭借在于仁，活动在于"六艺"，即礼、乐、射、御、书、数。只有这样，才能真正地做人。

《论语》是研究孔子思想的主要资料。一部《论语》，将孔子及其门生的有限生命融入到无尽历史中，创造了我国古代光辉的人文主义精神。后人有"天不生仲尼，万古长如夜""半部《论语》治天下"之说。

阅读链接

孔子周游列国回鲁国后，受到国君鲁哀公的召见。鲁哀公问政于孔子，孔子认为，国君为政之要在于选臣，并对此作了详细的解答。

孔子认为，国君为政在于执掌国家大事，而国家各方面的大事要靠各方面的大臣去办理，大臣选得好，国家就治理得好。尧、舜、禹、汤、周文王、周武王皆注重选用优秀的大臣，结果，都把国家治理得很好。所以，对于国君来说，选臣是至关重要的大事。鲁哀公对孔子的解答很满意。

儒家宗圣曾子与《大学》

孔子有3000多学生，学生都听过孔子讲解尧、舜、禹及西周时期的先王之道，但却只有曾子一个弟子明白其中的真义。于是，曾子把孔子的讲解写成书籍《大学》作为其传讲精义，并在此基础上加以发挥和说明，传播到后世。

曾子画像

曾子姓曾名参，是春秋末期鲁国人，他的祖先是五帝之首黄帝，也是夏禹王的后代，曾参是太子巫的第五代孙，被列为孔子门徒“七十二贤”之一。

孔子去世以后，曾子参积极推行儒家主张传播儒家思想，开始聚徒讲

孔伋 字子思，孔子之孙，生于公元前483年，战国初期鲁国人。是我国春秋战国时期著名的思想家，儒家的主要代表人物之一。与孔子、孟子、颜子、曾子比肩共称为五大圣人。因此旧时以子思、孟子、颜子、曾子配祀孔子于孔庙，所以又与孟子、颜子、曾子并称“四配”。

学，门下有不少弟子，被人们尊称为曾子。孔子孙子孔伋，字子思，师从曾参，子思学成之后又传授给孟子。

曾参上承孔子之道，下启“思孟学派”，对孔子的儒学学派思想既有继承，又有发展和建树。曾参以他的建树，与孔子、颜子、子思、孟子比肩共称为儒家五大圣人。

曾参作为孔子学说的主要继承人和传播者，在儒家文化中具有承上启下的重要地位，他著述有《大学》《孝经》等儒家经典著作，后世的儒家尊他为“宗圣”。

曾子认为，人们只有知道自己应该达到的境界，才能够志向坚定的走下去。因此，他在《大学》中系统总结了先秦儒家的伦理政治思想，旨在于弘扬人们

孔子拒见曾子

光明正大的品德，使人达到最完善的境界。

古籍《大学》

《大学》为“初学入德之门也”。经一章提出了明明德、亲民、止于至善3条纲领，又提出了格物、致知、诚意、正心、修身、齐家、治国、平天下8个条目。8个条目是实现3条纲领的途径。在8个条目中，“修身”是其中最根本的、具有决定意义的一步。十章分别解释明明德、新民、止于至善、本末、格物致知、诚意、正心、修身、齐家、治国平天下。

《大学》在唐代被尊为经书，南宋以后被列为“十三经”之一。《大学》文辞简约，内涵深刻，影响深远。作为我国古代社会后期最重要的儒家经典之一，两千年来，无数仁人志士由此窥儒家之门，对人们如何做人，做事，立业等等均有深刻启迪意义。

阅读链接

有一天，曾子夫人到集市上去赶集，他的儿子哭着闹着也要跟着去，他母亲说：“你先回家待着，待会儿我回来杀猪给你吃。”没多久，曾子夫人刚从集市上回来，就看见曾子要捉小猪去杀，她就劝止说：“我只不过是跟孩子开玩笑罢了。”

曾子说：“这可不能开玩笑啊！小孩子没有思考和判断能力，要向父母亲学习，听从父母亲给予的正确的教导。现在你欺骗他，这就是教孩子骗人啊！母亲欺骗儿子，儿子就不再相信自己的母亲了，这不是正确教育孩子的方法啊。”

儒家述圣子思与《中庸》

子思画像

在孔子的弟子中，曾参是孔子的正宗门人。其后由曾参再往下传，又回传到孔子嫡孙子思那里。子思，名孔伋，子思是他的字。

由于孔子一贯重视对后代的培养和教育，所以对于孙子子思也同样寄予厚望。

有一次，子思问孔子道："爷爷，您是不是担心子孙不学无术辱没家门？"

孔子十分惊讶，问子思："你是怎么知道的？"

子思回答说："父亲劈了柴而儿子不背就是不孝。我要继承父业，

孔子讲学图

所以从现在开始就十分努力地学习丝毫不敢松懈。”

孔子听后欣慰地说：“你能做到这样，我不用再担心了。”

子思在祖父孔子的教育下初步接受了儒家思想。孔子去世后，子思又跟随孔子弟子曾子学习。从曾子那里，子思继续学习孔子思想的真传。

战国时涌现出一批策士。他们四处奔波，游说诸侯，为之出谋划策，以追求个人名利。这时学界已经与孔子圣学相去已远，各种异端邪学已经繁衍起来。

子思恐怕时日愈久远道统的真正学问会流失愈甚，所以他按照尧舜相传的“道”，加之平日从祖辈、父辈和老师之处所得的见闻，相互参照演绎，作成《中庸》一书。

“中庸”是指以不偏不倚、无过无不及的态度为人处世，“中”是中和、中正的意思，“庸”是常、

策士 春秋战国时期游说诸侯的纵横之士。他们有一定的政治主张，往往为个人的功名利禄，朝秦暮楚，见风使舵；但他们熟谙纵横之术，凭借机谋智慧、口才辞令，四处奔走游说，周旋于政治集团之间，为诸侯征城、掠地、杀人、灭国出奇谋划妙策。后泛指出计策、献谋略的人。

中庸 儒家的道德标准，待人接物不偏不倚，调和折中。它的理论基础就是天人合一。这就是圣人所要达到的最高境界，这才是真正意义上的天人合一。天人合一就是我国古代人们自觉修养所要达到的像美好善良的天一样造福于人类和自然理想的境界。

用的意思。“中庸”一词最早出现在《论语》一书中，然而它作为一种思想方法却有久远的历史渊源。

子思认为，喜怒哀乐的情感还没有发泄出来的时候，心是平静的，无所偏倚，这就叫作“中”；如果情感发泄了出来能合乎节度，没有过与不及，这就叫作“和”。

“中”是天下万事万物的根本，“和”是天下共行的大道。人如果能把“中”“和”的道理推而广之，那么天地之间一切都会各安其所，万物也都各遂其生了。

子思在儒家学派的发展史上占有重要的地位，他上承孔子中庸之学，下开孟子心性之论，并由此对宋代理学产生了重要而积极的影响。因此，北宋徽宗年间，子思被追封为“沂水侯”；元明宗至顺年间又被追封为“述圣公”，后人由此而尊他为“述圣”。

述圣子思雕塑

子思阐发孔子的中庸之道而著成的《中庸》一书，被收在了《礼记》里。另外，《礼记》中的《表记》《坊记》《缁衣》也是子思的作品。

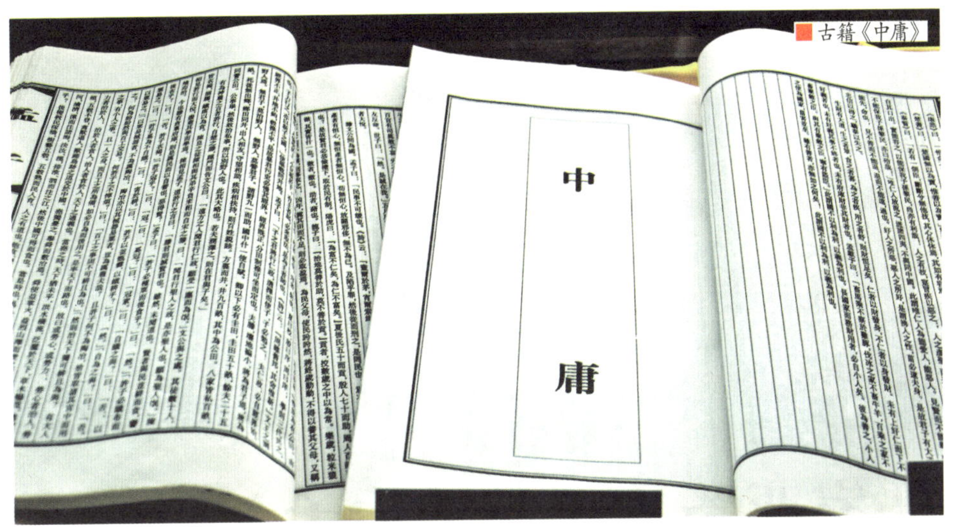

古籍《中庸》

《中庸》是我国儒家经典之一，也是我国古代讨论教育理论的重要论著。北宋经学家程颢、程颐极力尊崇《中庸》。南宋著名思想家朱熹又作《中庸集注》，并把《中庸》和《大学》《论语》《孟子》并列称为“四书”。

到了宋、元以后，《中庸》成为学校官定的教科书和科举考试的必读书，对我国古代教育产生了极大影响。《中庸》是我国古典哲学，曾广泛而深刻地影响了我国历史发展。也为世界文化宝库贡献了辉煌篇章。

阅读链接

子思得知继母去世后，就在孔氏之庙痛哭，他的门人对他说：“庶民之母死，何为哭于孔氏之庙乎？”子思恍然大悟，连连承认是自己的过错。

子思与其他许多著名儒者一样也向往国家的德治教化，并且努力实现自己的抱负。但他与孔子不同，为了施展抱负，孔子曾仕鲁参政，但却以去鲁告终。孔子周游列国，企图游说诸侯，但处处碰壁，甚至在各国受困。子思则不然，鲁穆公请他做国相，子思则一心推行自己的学说，因而婉言谢绝了。

儒家亚圣孟子与《孟子》

孟子画像

那还是公元前408年，齐国攻破了鲁国的郕城，这里是鲁桓公庶长子公子庆父的后代孟孙氏的食邑。城破之后，孟孙氏子孙遂分散流落到其他诸侯国，其中有一支迁居到邹国。

迁居到邹国的孟孙氏后人中有个名叫孟轲的人，他15岁时拜儒家思想创始人孔子孙子子思为师。经过青少年的饱学和钻研之后，他开始在家乡聚徒讲学，并逐渐成为当时地方上最有影响的

孟母教子塑像

儒学大师，被人尊称为孟子。

孟子继承和发展了孔子德治思想，并把孔子的德治思想发展为仁政学说，其内容包括经济、政治、教育以及统一天下的途径等。孟子认为，仁政就是君王应该像父母一样关心人民的疾苦，人民应该像对待父母一样去亲近、服侍君王。

孟子认为，如果君王实行仁政，则可以得到人民的衷心拥护；反之，如果君王不顾人民死活，推行虐政，将会失去民心而变成独夫民贼，被人民推翻。

那时候，天下诸侯混战的情形，已经到了非常严重的地步，诸侯国为了争当霸主，对内力图改革，以富国强兵，对外则进行兼并战争，以扩大疆土，致使人民流离失所。

孟子痛感于当时诸侯国之间“争地以战，杀人盈野；争城以战，杀人盈城”的严酷，以及王公大人脑满肠肥而人民食不果腹的不公，决定仿效先师孔子游

仁政 是一种儒家思想。孔子的“仁”是一种含义极广的伦理道德观念，其最基本的精神就是“爱人”。孟子从孔子的“仁学”思想出发，把它扩充发展成包括思想、政治、经济、文化等各个方面的施政纲领，就是“仁政”。“仁政”的基本精神也是对人民有深切的同情和爱心。

孟子行孝图

说诸侯的做法，规劝诸侯实施“仁政”，以求得天下的统一和社会的安定。于是，孟子在40多岁时，带着众多弟子，开始周游列国，推行他的“王道”学说和“仁政”主张。

孟子根据战国时期的经验，总结各诸侯国治乱兴亡的规律，提出了一个富有民主意义的著名命题：

民为贵，社稷次之，君为轻。

孟子认为，国君应以爱护人民为先，为政者要保障人民权利。因为如何对待人民这一问题，对于国家的治乱兴亡，具有极端的重要性。

治乱 是指治理混乱的局面，使国家安定太平。在我国传统文化中，治乱是很重要的一个概念，天下大势，合久必分，分久必合，合则为治，分则为乱。治乱的根本还要在于制度化、法律化，做到有法可依、有章可循，这才能治得彻底、全面、长久。

然而，当时诸侯国致力于富国强兵，希望通过暴力的手段实现大一统。孟子的仁政学说被认为是“迂远而阔于事情”，并没有实行的机会。

由于孟子的政治主张也与孔子的一样不被重用，所以他便回到家乡聚徒讲学，与学生万章等人著书立说。《史记·孟子荀卿列传》：

孟轲所如不合，退与万章之徒序《诗》《书》，述仲尼之意，作《孟子》七篇。

《孟子》一书是孟子的言论汇编，由孟子及其弟子共同整理而成，记述了孟子一生的主要言论、政治

大一统 我国古代的一种思想。我国的大一统思想由来已久，早在春秋时期的大圣人孔子心中的理想帝王就应握有一统天下的权威。我国大一统的逻辑中派生出来的许多观念，使得大一统在国人的心灵中扎下根来，国人对大一统形成了精神依赖。

> **性善说** 孟子的学说，是在他自己的那套心、性观基础上建立起来的。其心、性观主要有以下两点内容：第一，它是“道德层面”的心性，不是“情欲层面”的心性。第二，这个“道德层面”的心性具有仁义的内在先天规定性。

活动和思想学说，属语录体散文集。

全书共有7篇，分别是《梁惠王》上、下；《公孙丑》上、下；《滕文公》上、下；《离娄》；《万章》上、下；《告子》上、下；《尽心》上、下。

《孟子》一书集中地体现了孟子的政治思想、哲学思想和教育思想。孟子的政治思想与孔子一脉相承，并把孔子“仁”的政治思想发展为“仁政”学说。

同时，孟子还指出，国家存在根本不在于“天时、地利”，而在于“人和”“得道者多助，失道者寡助”，劝诫统治者要与民同忧同乐。

孟子的“仁政”学说，其哲学基础是“性善说”。他认为人性善，把仁、义、礼、智看成是人的本性，是先天固有的，所以人就应该努力地去培养和扩展这些善的本性。

孟子说齐图

除此之外，《孟子》还非常重视教育对人的影响作用；强调人的自我教育，主张修身养性，“养吾浩然之气”，以完善自我；他还教育人们为实现远大奋斗目标，要有“苦其心志”“劳其筋骨”“饿其体肤”的吃苦精神。并提出“富贵不能淫，贫贱不能移，威武不能屈”的道德标准。

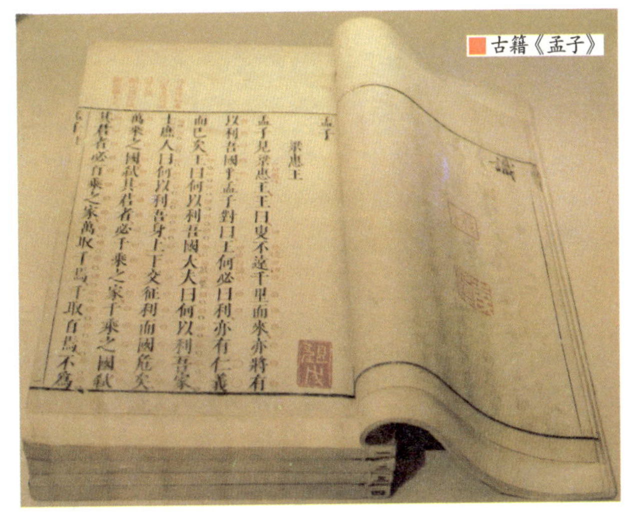
古籍《孟子》

孟子去世后，他成为仅次于孔子的一代儒家宗师。东汉著名的经学家赵岐称孟子为“命世亚圣之大才”。元文宗皇帝加赠孟子为“邹国亚圣公”，尊封为“亚圣”，从此，孟子便与孔子合称为“孔孟”。

南宋著名的思想家朱熹将《孟子》与《论语》《大学》《中庸》合在一起称“四书”。直到清末，“四书”一直是科举必考内容。

阅读链接

齐宣王在别墅雪宫里接见孟子，问道：“贤人也有在这样的别墅里居住游玩的快乐吗？”孟子回答说：“有。人们得不到这种快乐就会埋怨他们的国君，这是不对的；可国君不与民同乐也是不对的。国君以老百姓的忧愁为忧愁，老百姓也会以国君的忧愁为忧愁。以天下人的快乐为快乐，以天下人的忧愁为忧愁，这样还不能够使天下归服，是没有过的。”

齐景公听了孟子的话非常高兴，先在都城内做了充分的准备，然后驻扎在郊外，并打开仓库，赈济贫困的人。

儒家后圣荀子与《荀子》

那还是东周时期，赵国猗氏人荀子是个著名政治家，他受到齐都临淄的稷下学宫学术风气的感召，慕名而来。

稷下学宫聚集了当时各个学派的精英，荀子度过了较长一段时间的游学生涯，广泛接触到了诸子百家的学说，并逐渐形成了自己的思想。

荀子（约前313年—前238年），名况，时人尊而号为“卿”，西汉时因避汉宣帝刘询讳，因“荀”与“孙”二字古音相通，故又称孙卿，战国末期赵国猗氏人，著名思想家、文学家、政治家，儒家代表人物之一。荀子对儒家思想有所发展，提倡性恶论，其学说常被后人拿来跟孟子的“性善说”比较，荀子对重新整理儒家典籍也有相当显著的贡献。

荀子曾经游历齐、秦、赵、楚等国，也有长期游学于稷下学宫的经历，这为他思想学说的形成和成熟提供了可资借鉴的丰富养分。后来，荀子定居兰陵，著书立说，课子讲学，直至病故。

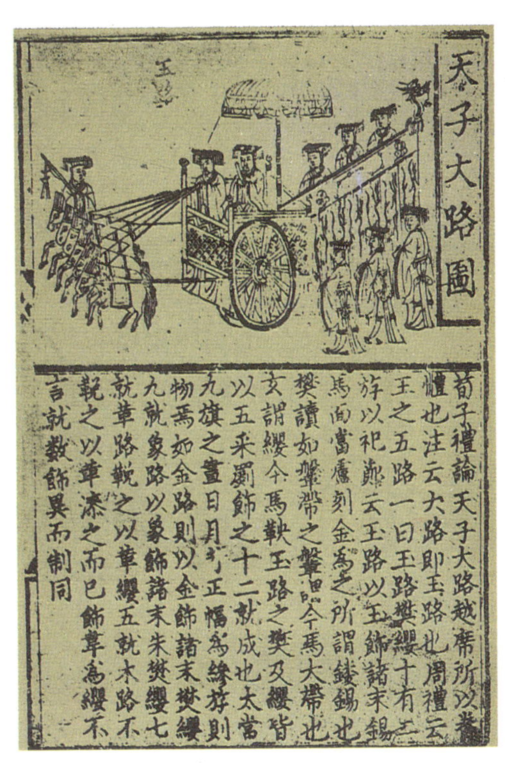

荀子禮論天子大路越席所以養體也注云大路即玉路也周禮云王之五路一曰玉路樊纓十有二斿以祀鄭云玉路以玉飾諸末錫馬面當盧刻金為之所謂鏤錫也樊讀如鞶帶之鞶謂今馬大帶也玄謂纓今馬鞅玉路之樊及纓皆以五采罽飾之十二就成也太常九旗之畫日月者正幅為縿斿則屬焉如金路則以金飾諸末樊纓九就象路以象飾諸末朱樊纓七就革路鞔之以革纓五就木路不鞔之以革漆之而已飾革為纓不言就數飾異而制同

《荀子》插图

荀子著述宏富，据载，在汉初流传的就有300多篇，后来经过汉儒刘向的校雠，最终定为了32篇，而经后人编辑成《荀子》一书。

该书旨在总结当时学术界的百家争鸣和荀子自己的学术思想，反映了荀子的唯物主义自然观、认识论思想，以及伦理、政治和经济思想。

在荀子的社会政治思想中，礼是一个核心观念。他主张“隆礼”，提倡礼治，同时也重法。他说，“礼义者，治之始也”“法者，治之端也”。荀子认为礼和法不是截然分开的，而是相互渗透的。

荀子具有明显的调和礼法的倾向，也正是因为这样，荀子强调治民要用两手，他在主张“爱民”的同时也不放弃刑罚，他说：“罪至重而刑至轻，庸人不知恶矣，乱莫大焉。”

荀子用法充实礼，并没有喧宾夺主，改变其儒家的基本立场。通过荀子对王霸问题的态度和德治、爱民等主张就看得出来荀子同孔孟一样，也是崇王道而

刘向（约前77年—前6年），原名更生，字子政，西汉经学家、目录学家和文学家。他的散文非常有名，其中最有名的有《谏营昌陵疏》和《战国策》。他的作品是古代文化史中的精华，对后世目录学和分类学有极深远的影响。

> **《毛诗》** 指西汉时鲁国毛亨和赵国毛苌所辑和注的古文《诗》，也就是现在流行于世的《诗经》。《毛诗》每一篇下都有小序，以介绍本篇内容、意旨等。而全书第一篇《关雎》下，除有小序外，另有一篇总序，称为《诗大序》，是古代诗论的第一篇专著。

黜霸道的。

荀子唯物主义的自然观主要体现为“明于天人之分”和“制天命而用之”。荀子认为天和人各有自己的职分，应该将其加以区分，并否认天有意志，否认“天命”。

认识论是荀子思想中极为重要的一个部分，其核心观念是“解蔽”。荀子认为人的认识开始于感性，是通过人的耳目口鼻等感官与对象接触而产生的感觉，这就是荀子所谓的“缘天官”思想。

荀子在对先秦诸子思想的批判性总结、“正名”理论以及音乐和诗赋理论等方面也有许多独到的思考，提出了许多具有启发性意义的观点和学说。这些都共同构成了荀子集先秦诸子之大成的博大精深的思想体系。

由于荀子的学说在秦汉时期儒家经典传播中有重要地位，所以他的学说很受重视。汉初诸经如《毛

荀子《劝学篇》

诗》《鲁诗》《韩诗》《左氏春秋》《谷梁春秋》、大小戴《礼记》《易经》等的传授，均与荀子及其弟子有关，可以说荀子对汉代经学发展有重要影响。

荀子画像

荀子的学说立足儒家，兼取道、法，旁收百家，形成了一个博大而又开放的系统，建立起自己集大成的唯物主义哲学体系。如果说我国传统文化是一种以儒道互补为主体、以多元并存为特色的整体结构，那么荀子作为一个集先秦诸子之大成的思想家，他对百家思想的批判性总结和整合，对这种整体结构的形成可以说是功不可没的。

阅读链接

有一次，李斯和荀子谈论仁义的话题，李斯认为商鞅变法使秦国由弱变强盛，并非荀子所说的仁义、礼制得到的。荀子严肃地说道："你所说的强盛只是一时的利，我所说的仁义才是延至万世的利。秦国虽然历经几世的强盛，却经常为六国联合起来对抗自己感到忧虑。你眼中的秦国之强不过是时处乱世、一时的用兵得胜罢了，而没有把仁义作为根本。"

此后的历史发展证实了荀子的预言，秦国统一天下仅仅15年之后，就被天下群雄给灭亡了。

儒家董仲舒与《春秋繁露》

那还是西汉的时候，河北广川有一个叫董仲舒的人，自幼在多种文化熏陶中成长。少年时，董仲舒为学异常勤奋，数十年如一日地游学于“六艺”。长大后他不但精通“五经”，义兼百家，多见博闻，而且还特别擅长与人辩论和写文章，被誉为“通才”！

董仲舒画像

董仲舒最擅长“五经”中的《春秋》公羊学，他发挥《公羊传》微言大义，引经论事，甚至用《春秋》断狱，将经书与现实政治结合起来。

当时，汉王朝吸取秦亡的教训，崇尚黄帝和老子的“无为而治”思想，实行休养生息政策。精于儒学的董仲舒虽怀通经治国之才，却并无建树。但他并没有

汉武帝罢黜百家独尊儒术

因此消极，而是一方面招徒私授，为国家培养了一批推行儒学的合格人才，一方面谨慎观察现实，潜心研讨百家学说，希望构建一个前所未有、兼容诸子百家的新儒学体系，以适应西汉社会大一统之局，以求积极有为之效。

公元前141年，汉武帝即位。这位雄心勃勃、精力旺盛的少年天子即位后，深切感受到黄老“无为之治”已经不能解决现实的流弊，迫切需要一种新的学说来解决现实的危机。

于是，汉武帝即位不久，他便一改以前因任自然、因循守旧、无所作为的施政方针，他下诏向贤良士子策问古今治道。当时对策者有100多人，董仲舒也在其中。

董仲舒通过3次向汉武帝对策，从理论上解答了汉武帝所关心的问题，颇得汉武帝赏识。接着，董

汉武帝（前156年—前87年），刘彻的谥号，西汉的第7位皇帝，杰出的政治家、战略家、诗人。为巩固皇权，汉武帝建立了中朝，在地方设置刺史。文化上采用了董仲舒的建议，“罢黜百家，独尊儒术”。大破匈奴，征服西域，开拓了汉朝最大版图，首开丝绸之路。

仲舒又不失时机地向汉武帝提出了“罢黜百家，独尊儒术”，广招士子、开办学校、培养人才的建议。

于是，汉武帝建立太学，设置五经博士，选贤才，举孝廉等，从此儒学开始成为官方哲学。

公元前121年，董仲舒辞官回家，此后一直居家埋头著书研学，从不问家居杂事，也不置产业。他总结了自己治学50余年的心得体会，加上对《公羊传》《春秋》的研究，写成了《春秋繁露》一书，凡17卷，82篇。

《春秋繁露》是董仲舒为阐释儒家经典《春秋》而著。在书中，董仲舒极力推崇《公羊传》的见解，阐发“春秋大一统”之旨。

董仲舒认为，自然界的天就是超自然的有意志的人格神，人世间的一切包括封建王权都是上天有目的的安排。这就是“君权神授”的思想。

同时，董仲舒运用阴阳五行学说，将自然界和社会人事神秘化、理论化，建立起“天人感应”论的唯心主义形而上学的神学体系。

董仲舒建言汉武帝

董仲舒雕像

所谓天人感应，是指天意与人事的交感相应。董仲舒认为天能够干预人事，预示灾祥，人的行为也能够感应上天。

董仲舒的“君权神授”论和“天人感应”论，对“家天下”时期有效防止天子滥用权力起到了巨大作用。

《春秋繁露》内容反映了董仲舒的整个哲学思想体系，这种以儒家宗法思想为中心，杂以阴阳五行学说的思想体系，对我国封建社会的发展产生了巨大作用与影响。

阅读链接

在董仲舒的《春秋繁露》中，除了在《精华》中有“大旱雩祭而请雨，大水鸣鼓而攻社”的概述，还有《求雨》《止雨》的专门章节详细叙述其仪式的过程。

列于第16卷的《求雨》一章，计1300余字，随春夏秋冬四季的不同，仪式也有所变化，介绍可谓详尽。

后来，这几乎成为历代求雨的规范格式，从皇帝到知县，每遇天旱设坛祭祀时，都要向董仲舒的《春秋繁露》当中的《求雨》一章求教。

儒家二程理学与《二程集》

那是在北宋时期，有一个程姓官宦世家，地位显赫，时人尽知。程家在1032年添了一个男丁，取名叫程颢。第二年又添了一个男丁，取名程颐。

程颢自幼天资聪颖，刻苦学习，幼年时期就开始习诵儒家经典，10岁就能写诗作赋，20余岁即中进士，被调到京兆府鄠县任主簿。

■ 程颢（1032年—1085年），北宋哲学家、教育家、诗人和北宋理学的奠基者。字伯淳，学者称明道先生。河南洛阳人，出生于湖北黄陂。嘉祐进士，神宗朝任太子中允监察御史里行。反对王安石新政。学术上，程颢提出“天者理也”和“只心便是天，尽之便知性”的命题，认为“仁者浑然与物同体，义礼知信皆仁也”，识得此理，便须“以诚敬存之”。倡导“传心”说。承认“天地万物之理，无独必有对”。

程颐（1033年—1107年），字正叔，汉族，洛阳伊川人，世称伊川先生，出生于湖北黄陂，北宋理学家和教育家。为程颢之胞弟。历官汝州团练推官、西京国子监教授。元祐元年除秘书省校书郎，授崇政殿说书。与其胞兄程颢共创“洛学”，为理学奠定了基础。幼承家学熏陶，其政治思想颇受父亲的影响。与其兄程颢不但学术思想相同，而且教育思想基本一致，合称“二程”。

后来，程颢为江宁府上元县主簿。他帮助县令筹画良策，平均了赋税，很有政绩。宋神宗即位之初，便把程颢调回朝廷做了太子中允、权监察御史里行。

在当时，宋神宗鉴于内外交困，很想有一番作为，便时常召见程颢，向他征询治国方略。程颢每次都给宋神宗讲尧舜事迹，说为政之道，以顺民心为本，以厚民生为本，以安而不扰为本。建议宋神宗按照儒家的“仁政”原则治国，要以至诚仁爱为本。

宋神宗认为程颢的进言不切实用，程颢见自己的主张并不被朝廷接受，便又请求退出朝廷，外补做了京西路提典刑狱，这是一个和知县职位相等的司法官。不久，他便以其父年老多病、需要照顾为由，要求退居闲职。

程颢回到洛阳后，便与其弟程颐一起日以读书劝学为事，名声和影响就更大了。

提典刑狱 又称提点刑狱公事，简称提刑官，相当于法医。是宋代特有的一种官职名称。由朝廷选派，三年一换。宋代提点刑狱司制度是一项成功的政治制度，它促进了宋代地方司法公正、权力分化、吏治清明等。这一制度对元、明、清诸代均产生了重要的影响。

资政殿 为北宋皇宫中一处用于藏书和理政的宫殿建筑，同时也用作宴殿和讲习之所，并设立资政殿大学士一职，以备咨询国政。1005年初置资政殿学士以备顾问。司马光曾任资政殿学士。资政殿亦为真宗后北宋各帝与群臣观书宴饮之处。

程颐虽然没有考中进士，但程家世代为官，程颐享有荫庇当官的特权，但他却把每次“任恩子”的机会让给了本家族的其他人，自己却从来不出去做官，而是长期以“处士”的身分潜心于孔孟之道，同时又大量接受学生，从事讲学活动。

1059年，鉴于程颐的才气和名气，宋仁宗特赐程颐进士出身。后太尉文彦博鉴于程颐著书立言，名重天下，从游之徒，归门甚众，就在洛阳鸣皋镇的一个小村庄拨了一块土地，专门为他建修了一座“伊皋书院”，让他在此讲学。

二程故居雕塑

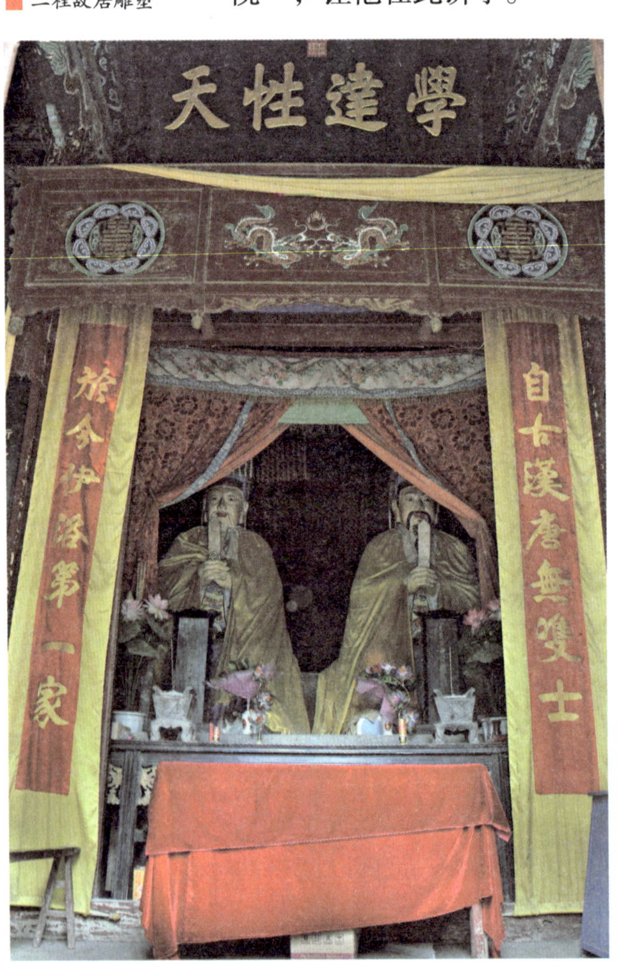

宋哲宗即位后，蒙资政殿学士司马光等人推荐程颐被授为汝州团练推官，西京国子监教授等职。但早已潜心于孔孟之道的程颐淡漠仕途，并没有接受任命。后来，年幼的宋哲宗皇帝又下诏令程颐入京，让他做崇政殿说书，也就是教皇帝读书。程颐的名声便越来越大，吸引了许多读书人向他拜师问学。

由于程颢和程颐两兄弟的思想十分接近，

生活经历大体相同，一般学术史和评价对他们的学术思想亦很少作分别介绍，而是将他们同列一传，因此，他们被后人称为“二程”。

《二程集》是程颢和程颐全部著作的汇集，内容包括遗书、外书、文集、易传、经说、粹言6种，其中程颐的著作居多。书中第一次把“理”作为宇宙本体，阐述天地万物生成和身心性命等问题，奠定了以“理”为中心的唯心主义哲学体系。

其中，程颢的识仁、定性，程颐的性即理、主敬、体用一源等许多重要哲学概念和命题，是哲学史上第一次提出，为后世沿用。

二程理学是对孔孟儒学的继承与发展。理学继承了儒家经典中仁义礼智信等心性修养，将成德成圣、修身齐家、治国平天下作为人生哲学的最高理想。

二程理学不仅影响我国人们的思想和行为，同时，随着世界文明对话的发展，理学中所包含的理性主义，也将影响世界文明的进程。

阅读链接

宋仁宗时期，河南人程遹在黄陂县为官，继而落籍黄陂西郊程家乡坊。因积劳成疾，不幸病故，朝廷任命他的长子程珦为黄陂县尉。据说程珦的夫人候氏曾梦见一棵梧桐树上有个雀窝，正准备爬上去掏雀蛋，忽见远处两只金凤笔直朝花园飞来，在她身边盘旋了一周以后，朝她胸怀扑来，程夫人赶忙将金凤紧紧搂住。

过了不多时，程夫人怀孕了，生下长子，取名程颢，隔年，又生下次子程颐。程颢、程颐自幼好学，尊崇孔孟，才华出众，后来成为著名的理学家。后来，人们在他们故乡建起一亭，命名为双凤亭。

儒家朱熹与《朱子语类》

那是在我国南宋时期，婺源有个叫朱熹的人，他4岁时，有一天父亲朱松指着天告诉他，这是“天也”。不料牙牙学语的朱熹竟问父亲：“天之上何物？”这着实让做父亲的吃了一惊。

朱熹6岁时，当别的孩子还只知道在河滩上嬉戏

■朱熹（1130年—1200年），字元晦、一字仲晦，号晦庵、晦翁、考亭先生、云谷老人、沧洲病叟、逆翁。汉族，南宋江南东路徽州府婺源县人，出生于南剑州尤溪。南宋时期著名的理学家、思想家、哲学家、教育家、诗人、闽学派的代表人物，世称朱子，是孔子、孟子以来最杰出的弘扬儒学的大师。

朱熹讲学蜡像

的时候，他却一人端坐在沙滩上画起了八卦。朱熹8岁时就日读《大学》《中庸》《论语》《孟子》，从不间断。

当朱熹读到《孟子·变秋章》时，他明白了孔子所说的“仁远乎哉，我欲仁，斯仁至矣”，就是只要肯下功夫，就一定能成功的道理。

于是朱熹慨然发愤于自己的为学求知。10岁那年，当朱熹读到《孟子》“圣人与我同类者”时，他喜不自胜，从此便确立了做“圣人”的人生目标。

19岁时，朱熹考中进士，3年被派任泉州同安县主簿，在赴任途中，朱熹拜见了著名道学家、程颐的两传弟子李侗，对孔孟之学的感悟日渐精进。

在南宋偏安江南的形势下，朱熹认为当时国之患根在于君王的心已受蒙蔽，应当根据《大学》之教，以正心诚意作为治国平天下的根本。针对当时朝野上

八卦 周易中的八种图案。八卦图衍生自中华古代的《河图》与《洛书》，传为伏羲所作。其中《河图》演化为先天八卦，《洛书》演化为后天八卦，其象征世界的变化与循环，分类方法如同五行，世间万物皆可分类归至八卦之中。

朱熹蜡像

下普遍信奉的佛教禅宗的思想，他提出了《朱子语类》之旨，即要求人要“推究事物的原理，从而获得知识”。

后来，朱熹辞去主簿之职，在故里修起“寒泉精舍”，一住10余年，编写了大量的道学书籍，并从事讲学活动，生徒盈门。

1178年，朱熹出任“知南康军”，尽管他重新入仕，却并未忘自己的学者身份。在庐山唐代李渤隐居旧址，建立“白鹿洞书院”进行讲学，并制定一整套学规。

后来，朱熹被解职还乡，他在武夷山修建“武夷精舍”，广召门徒，传播理学。为了帮助人们学习儒家经典，朱熹又于儒家经典中精心节选出“四书”，并刻印发行。

道统 是指原道德传脉络。原道，也称天道。天道心法是尧舜十六字心法：人心惟危，道心惟微，惟精惟一，允执厥中。月牙山人将十六字心法命名为中华心法，并揭示心传。儒家传道的脉络上接尧、舜、汤、文王、武王、周公、老子，到了孔子形成儒家学派，传至子思、孟子。

儒家经学发展到宋代，传统经学已不适应社会和思想文化发展的需要。于是，代学者对笺注经学提出非难，他们抛开传注疏释，直接从经书中发挥新儒学的义理，蔚然形成一代学术新风。朱熹继承理学二程，进一步把儒学道统体系化，著成《朱子语类》一书。

在《朱子语类》中，朱熹系统梳理了道的传授统绪，指出道统始于伏羲、神农、黄帝，而尧、舜、禹相传，其后成汤、文、武作为君王，皋陶、伊、傅、周、召作为大臣接续了道统之传。孔子继往开来，有功于尧舜之道的传授，其弟子及传人曾子、子思、孟子等能接续圣人之道，使之复明于世。

《朱子语类》体现了朱熹丰富完善的道统思想理论体系。朱熹建构精致的道的哲学，以道为形上之天理，提出道兼体用的思想，由此提高了道统之道的哲学思辨性，这是从内容上对儒学道统论的发展。

朱熹并把道学与道统相结合，赋予道统论以时代精神的新义，这使道统思想广泛影响思想界和整个社会，得到广泛的流传。

阅读链接

朱熹有一次在路边茶馆遇到一个名叫下山的孩子，见他手捧书卷，十分喜爱。朱熹沉吟一会，从身上摸出一枚铜钱，笑着吩咐下山替他办9种下酒菜。聪慧的下山接过铜钱跑出茶馆，旋即提着一把韭菜喜眉笑眼地站在朱熹面前。朱熹见状，激动地把下山搂在怀里。原来朱熹只给一个铜板，就是为了验证一下下山的才学，见下山果然聪慧，便决定收下山为弟子。

下山在朱熹的悉心教授下高中进士，官拜两浙提点刑狱。他为感激朱熹提携教诲之恩，在茶馆原地修起一座“朱子祠”，奉供朱熹牌位，春秋两季，乡人顶礼膜拜。

儒家王阳明与《阳明全书》

王阳明画像

那是明代的时候，浙江绍兴府余姚一个书香门第家里诞下一个男孩，在这个男孩出生前夕其祖母梦见有人从云中送子来，梦醒时这孩子刚好出生，于是，其祖父便为他起名叫王云。

王云到了5岁的时候还不会说话，一天，一位高僧从他们家门前经过，抚摸他的头说："好个孩儿，可惜道破。"高僧的意思是说，他的名字"云"字道破了他出生的秘密。王云的祖父恍然醒

王阳明雕塑

悟，遂更其名为守仁，此后他便绝少开口说话了。

王阳明十一二岁念书时，有一次，他问塾师：“何谓第一等事？”老师说：“第一等事是读书获取科举名第。”王阳明反对说：“第一等事恐怕不是读书登第，而应该是读书学做圣贤。”

王阳明尽管有做圣贤的意识，但他在年少时代并不循规蹈矩，常常率同伴做军事游戏。年轻时，他出游边关，练习骑马射箭，博览各种兵法秘籍，遇到宾客常用果核摆列阵法作为游戏。

1506年，王阳明因反对宦官刘瑾，被谪贬至贵州龙场当驿丞。龙场位于贵阳西北70里，归修文县治。龙场万山丛薄，苗、僚杂居。在龙场这既安静又困难的环境里，王阳明结合历年来的遭遇，日夜反省。

一天半夜里，王阳明忽然有了顿悟，认为心是感

宦官 是我国古代专供皇帝、君主及其家族役使的官员。先秦和西汉时期并非全是阉人。自东汉开始，则全为被阉割后失去性能力而成为不男不女的中性人。又称寺人、阉人、奄官、宦者、中官、内官、内臣、内侍、内监等。

应万事万物的根本，由此提出心即理的命题。认识到“圣人之道，吾性自足，向之求理于事物者误也”。只要通过格物致知的实践功夫，将各种蒙蔽心体的闲思杂念拂去，便能认识本心中的“良知”。这就是著名的“龙场悟道”。

在这次龙场悟道之后，王阳明在获得了突破性认识的基础上，创立了一门学说，也就是“心学”。他决定以讲学的形式向世人阐述心学思想。54岁那年，他在绍兴、余姚一带创建书院，进一步宣讲他的心学。

后来，王阳明的学生徐爱、陆澄、薛侃、钱德洪等，把王阳明的著作及论学的语录、书信、诗赋等搜集起来，辑成《阳明全书》。

《阳明全书》也称《王文成公全书》《王阳明先生全集》等，是王阳明的著作集，共38卷。

《阳明全书》收入的王阳明的著述原本皆各自单行，明隆庆年间，御史谢廷杰巡按浙江，始将各书合刻，并仿《朱子全书》之例，名之为《王文成公全书》，成为汇辑王阳明生平著述及有关资料的全本，对研究王阳明思想、学术等方面具有重要参考价值。

阅读链接

王阳明为了践行儒家的“格物致知”，决心先实践一番。他的书房前有一片竹林，于是决定先“格”这竹子。他走到竹林，一屁股坐在竹子前面，眼睛盯紧一棵竹子，“格”了起来，但是他还是无法领悟。这时，旁边过来一位隐士，王阳明赶忙请教。

隐士哈哈一笑：“格竹子很简单，你拿尺子格，可得竹子的高度；你拿秤称，可得竹子的重量。天有天道，物有物理。所谓格物致知，意在于此也。”说罢，袍袖一挥，飘然离去。王阳明如醍醐灌顶，顿时大悟。

道家经典

中华民族在发展过程中，利用自身的智慧悟出世间的万物，都是有正确与不正确、好与坏、美与丑等。这个相对应的学说观点，被老子归纳成一个字就是“道”，并由此创立道家学派。

道家学派包括道论、道的宇宙生成图式、时空观、气论、气的人体观及辩证法、认识论等内容，旨在倡导自然无为。这一思想经过后来的庄子、列子、王弼、郭象等人的进一步发展和完善，逐渐形成了成熟的道学哲学。它究天人之际，通古今之变，影响深远。

称为大道之源的《易经》

那还是在远古的时候，华夏族部落首领伏羲团结统一了华夏各个部落，定都在陈地，封禅泰山。伏羲取蟒蛇的身，鳄鱼的头，雄鹿的角，猛虎的眼，红鲤的鳞，巨蜥的腿，苍鹰的爪，白鲨的尾，长须鲸的须，创立了中华民族的图腾龙，“龙的传人”由此而来。

伏羲雕像

伏羲八卦图

在当时，人们对大自然一无所知。天气会变化，日月会运转，人会生老病死，所有这些现象，谁也不知道是怎么回事。人们遇到无法解答的问题，都问伏羲，伏羲解答不了时，感到很茫然，人们为此每天提心吊胆地过日子。

伏羲经常环顾四方，揣摩着日月经天，斗转星移，猜想着大地寒暑、花开花落的变化规律。他看到中原一带蓍草茂密，开始用蓍草为人们卜筮。

伏羲通过长期对天地宇宙万物的观察和思考，发现宇宙万物之间有一个规律。那时人类没有文字，为了表达这个规律，聪明的伏羲便用符号“—”表示。“—”是太极，是天地未分时物质性的浑沌元气。伏羲认为世间的一切都是由“—”这个整体衍生出来的。

伏羲 又称宓羲、庖牺、包牺、牺皇、皇羲、太昊、苍牙等。他是华胥氏之子、少典之父、炎帝和黄帝之祖父，是女娲的哥哥兼丈夫，为上古“三皇”之一，与女娲同被尊为人类始祖，与黄帝同被尊为人文初祖。他创造历法、教民渔猎、驯养家畜、烹饪食物、婚嫁仪式、始造书契、发明陶埙琴瑟等乐器、任命官员等；并创立了中华民族的统一图腾“龙”。

伏羲八卦图

太极动而生阳，静而生阴，这一阴一阳被伏羲称为两仪。伏羲认为阴阳是构成宇宙万事万物最基本的元素。但宇宙万物之间的阳阴到底是怎么转换的呢？伏羲想来想去，咋也想不出个头绪来。

有一天，伏羲在河边捕鱼，逮住一个白色的龟。这只龟近圆形，龟爪像龙爪，周身洁白，玲珑剔透。龟身上的纹理错落有致：中央有5块，周围有8块，龟盖外围有24块，腹底12块。

伏羲认为这只白龟是个神物，所以就挖了个池子，把白龟放养在里边。伏羲每次逮些小鱼虾去喂白龟时，白龟都会凫到伏羲跟前，趴在坑边不动弹。伏羲没事儿就坐在坑沿儿，边看白龟边思考宇宙万物之间的规律。

有一天，伏羲折一根草秆儿，在地上比着白龟盖上的花纹画。他画着画着，忽然想到以前曾经用“—”这个符号代表太极，于是，他在地上画出一个“—”的符号来表示阳，又画出一个“——”的符号来表示阴。然后，他将这两个符号反复搭配，或一阳二阴，或一阴二阳，画来画去，最后竟产生8种新的符号。

阴阳 源自古代中国人民的自然观。古人观察到自然界中各种对立又相联的大自然现象，如天地、日月、昼夜、寒暑、男女、上下等，以哲学的思想方式，归纳出“阴阳”的概念。早至春秋时代的易传以及老子的《道德经》都有提到阴阳。阴阳理论已经渗透到中国传统文化的方方面面，包括宗教、哲学、历法、中医、书法、建筑堪舆、占卜等。

画到这时，伏羲又把象征万物的金、木、水、火、土的“五行”按照龟盖中央的5块纹理的秩序排列出来；把象征方位的“乾、艮、震、巽、坎、离、坤、兑”按龟身周围8块的纹理秩序排列出来；把象征二十四节气的符号按照龟盖外围24块的纹理秩序排列出来；把象征十二地支的子、丑、寅、卯、辰、巳、午、未、申、酉、戌、亥按照龟腹底12块纹理的秩序排列出来。画完这些后，一幅八卦图展现在伏羲面前。这就是后来人们所说的“先天八卦”。

先天八卦是伏羲的伟大创造，从此以后，只要有

二十四节气 指时节和气候，是我国古代订立的一种用来指导农事的补充历法。我国农历根据太阳也根据月亮的运行制定的，农事完全根据太阳进行，所以在历法中又加入了单独反映太阳运行周期的“二十四节气”，用作确定闰月的标准。

伏羲八卦图

蓍草 多年生草本植物，有短的根状茎。古人认为蓍草生长1000年能生出300茎，且历代相传此草非圣人之地而不生，这无疑给蓍草罩上了一层神秘的外衣，于是远古先民们求卦习惯用蓍草。古人占卜时烧蓍草作卦，跟龟壳的作用一样。

人问天气，伏羲便依据先天八卦的规律，对外界事物的动向和变化进行一番观察，然后得出明天天气如何的结果。

在一次又一次的精确预测出天气后，人们对伏羲越来越信赖，问天气的人越来越多，伏羲来不及应付，就说："从明天开始，我在村口的大树上挂一个图像，你们一看图像就会知道明天是什么天气。"

从此以后，伏羲每天都把分别代表8种最基本的自然现象的八卦画挂在村口。这样一来，村民每次出门时，只要去村口看一眼八卦画，就知道出门后会不会遇到恶劣天气了。

到了商末的时候，西部诸侯长姬昌鉴于国君商纣王昏庸无道，就劝谏商纣王应该体恤民艰，爱护百姓。商纣王不听谏言，还将姬昌囚禁于当时的国家监狱羑里城。

■古籍《易经》

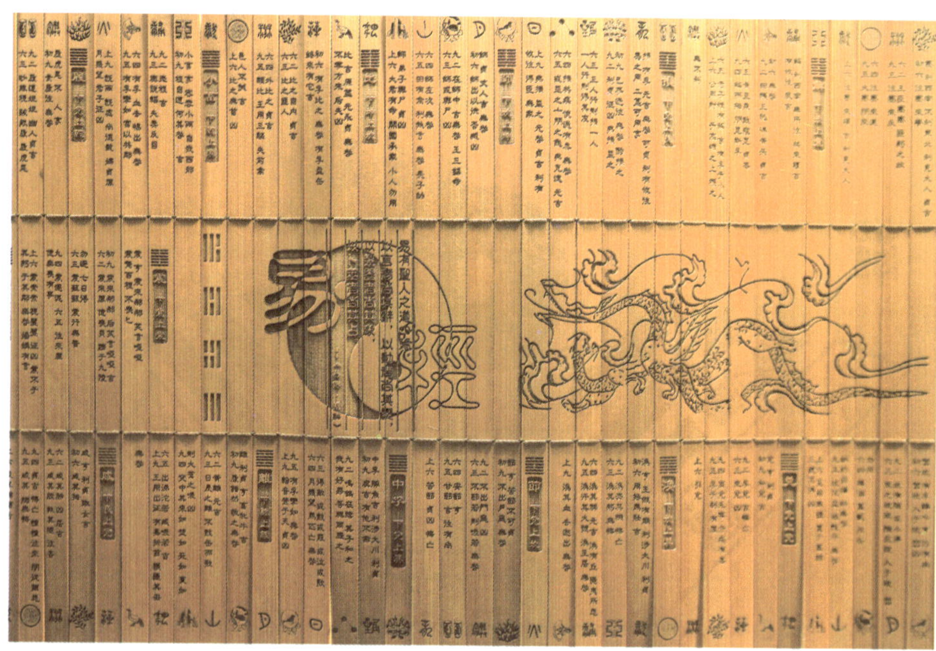

周文王（前1152年—前1056年），姓姬名昌，黄帝的后裔，季历之子，华夏族人，西周奠基者。商纣王统治时，他被封为西伯，也称伯昌。他治理岐山50年，使岐山的政治和经济得到了极大发展。其子姬发得天下后，追尊他为“周文王”。孔子称周文王为“三代之英”。

姬昌虽然身陷囹圄，但他自强不息，立誓有所作为。他用监狱地上长的蓍草作为工具，将伏羲的先天八卦演绎成64卦，384爻，每卦有卦辞，爻有爻辞。

姬昌把自己如何立志，如何心怀天下，及为人处世、走出逆境、治理国事、居安思危、对待婚姻家事等全部寓寄在了卦辞和爻辞上。于是，这64卦和384爻遂成为了人们推演人生、宇宙和社会变化规律的《易经》。

姬昌被解救出狱以后，在姜尚等人的辅佐下积善修德，使周族实力大大增强，为后来周武王姬发灭商建周打下了坚实的基础。周武王建周后，追尊姬昌为周文王。

《易经》是我国最古老的文献之一，其内容极其丰富，先秦时期的《黄帝内经》《孙子兵法》、老庄学说、孔孟之道等，无不和《易经》有着密切的联系。以至于到西汉时期，《易经》被儒家尊为“五经”之首，在我国文化史上享有崇高地位。

由于《易经》成书很早，其中的文字含义到春秋战国时已经不易读懂了。于是，便有很多人专门研究

《孙子兵法》
又称《孙武兵法》《吴孙子兵法》《孙子兵书》《孙武兵书》等，是世界上第一部军事著作，世界三大兵书之一，被誉为“兵学盛典”。《孙子兵法》是中国古典汉族军事文化遗产中的璀璨瑰宝，是中国优秀文化传统的重要组成部分，其内容博大精深，思想精邃富赡，逻辑缜密严谨，是古代汉族军事思想精华的集中体现。作者为春秋吴国将军孙武。

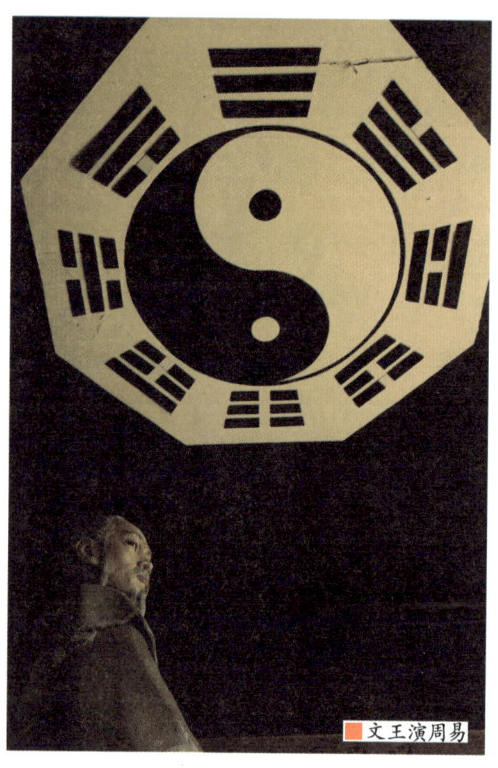
文王演周易

《易经》，那些研究《易经》的人被称为易学家，研究《易经》的学说被简称为易学。

易学在后来的发展过程中，逐渐分成易理易学、象数易学、数理易学、纳音易学几大类。易理易学又称义理易学，是专门讲述易经本经哲学义理的易学；象数易学宗旨在于运用；数理易学是研究易经中的科学思想与数学思想；纳音易学则结合了易理易学和象数易学的思想。

总之，《易经》是我国文化的源头活水，被誉为“群经之首，大道之源”。而对《易经》的研究代代不断，易学大家辈出，对我国古老而优秀的文明做出了贡献。

阅读链接

传说伏羲为了画出八卦，围着不周山的四面八方挖了8个洞，在不同方位仔细观察天上的星星。有一回，伏羲来到一个叫孟河的地方，河里忽然冒出个怪物来。伏羲水性好，一下子捉住了这个怪物。这怪物有八尺五寸长，头尾像马，身子像龙，又有鳞。伏羲认为是龙马，便把它供了起来。到了晚上，龙马发亮，背上四面八方现出了55个亮点子，像天图一样。

伏羲看到后十分兴奋，马上照着这个龙马背上的图样画下来。但是这个图画下来后，终于画出了八卦的图案来。

道家创始人老子与庄子

据传说，那是在公元前571年的楚国曲仁里，有位孕妇正坐在李树下歇息，忽听得天上仙乐奏鸣，四周香风缥缈，接着这位孕妇便觉左腋一阵剧痛，随之从腋下生出一个鹤发龙颜、美眉广颊的小孩。

这孩子一生下来就会说话，他指着面前的李树说："这就是我的姓。"于是，这位母亲便为他取名为李耳，字聃。因李耳生下来就鹤

老子 本名李耳，是我国古代伟大的哲学家和思想家、道家学派创始人，被唐朝帝王追认为李姓始祖。老子是世界文化名人，他存世有《道德经》，其作品的精华是朴素的辩证法，主张无为而治，其学说对我国哲学发展具有深刻影响。在道教中老子被尊为道祖。

老子出游壁画

发龙颜，像位老者，人们便称他为“老聃”。

老聃从小就是一个勤于用脑的孩子。他喜欢与小朋友在家乡的河滩、林间玩耍。当老聃独自一人时，他便常常面对天穹和河中的流水久久无语，似乎在揣摩着大自然的奥秘。

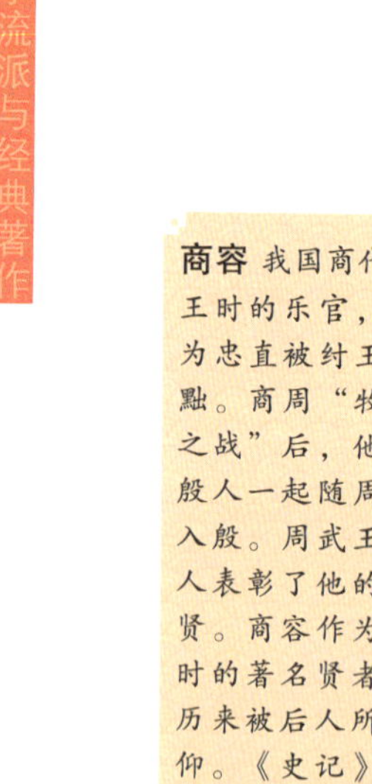

商容 我国商代纣王时的乐官，因为忠直被纣王贬黜。商周“牧野之战”后，他和殷人一起随周军入殷。周武王命人表彰了他的忠贤。商容作为当时的著名贤者，历来被后人所敬仰。《史记》乐书、《礼记》乐记、《史记索隐》引《韩诗外传》《史记索隐》都有提及。

有一次，老聃与小朋友在一棵人树下玩耍。老聃看到大树上写着一个“楝”字，就对小朋友说，这是一棵楝树。而在大树另一侧的小朋友则说，不对，这是槐树。两人为此发生了争执。

后来，两个人围着大树转了一圈，才发现树的一侧虽然写着楝字，但另一侧写的却是槐字，原来这是一棵楝槐连理树。通过这件事，老聃懂得了看问题要全面，不能以偏概全。

老聃最喜欢的，还是家乡的小河。它终年默默流淌，日夜不息，滋润着两岸的土地，而且能够包容忍让，碰有东西阻挡时，便悄然绕道离去。虽然有时候它是涓涓细流，看似柔弱；可一旦到了洪水季节，它又像脱缰的野马，浩浩荡荡，无坚不摧。

老聃母亲见老聃静思好学，她便请精通殷商礼乐的商容老先生教授老聃。商容通天文地理，博古今礼仪，深受老聃一家敬重。

一次，商容得了重病，少年老聃前去探望。商容问了老聃三个问题。

商容问："不论什么人，经过故乡时都要下车，你知道这是为什么吗？"

老聃答："这是表示人不论如何腾达，都不应该忘记家乡、忘记根本。"

商容点了点头，表示赞许，又问："人从高大的树木旁边经过时，要弯腰鞠躬，这又是为什么？"

老聃回答说："在高大的树下弯腰，是表示敬老的意思。"商容见老聃聪明过人，十分满意。

接着，商容张大嘴巴让老聃看，然后问道："我的舌头在吗？"

老子教授弟子图

老子书写《道德经》

函谷关 西据高原，东临绝涧，南接秦岭，北塞黄河，是我国历史上建置最早的雄关要塞之一，地处“长安古道”，紧靠黄河岸边，因关在谷中，深险如函，故称函谷关。这里曾是战马嘶鸣的古战场，与“一夫当关，万夫莫开”的剑门关都是重要关口。这里又是我国古代思想家、哲学家老子著述五千言《道德经》的地方，千百年来，众多海内外道家、道教人士都到这里朝圣祭祖。

老聃回答说：“在。”

商容又问：“我的牙齿还在吗？”

老聃摇了摇头：“不在了。”

商容问道：“你知道这是为什么吗？”

老聃想了想回答说：“舌头还存在，是因为它柔弱；牙齿掉光了，那是因为它太刚强了。”

商容没有想到老聃小小的年纪竟能对这些深奥问题有如此深刻的理解，他心里非常高兴。

随着老聃人品和学识的不断长进，他的名气也越来越大，被周王任命为守藏室史。当时，人们称学识渊博者为“子”，以示尊敬，因此，人们皆称老聃为“老子”。

老子任周守藏室史，转眼间已过30余年。一日，老子忽得家讯，言家母病危，于是报请天子，归家省视。待老子回到家时，母亲已辞世。

面对茫茫大地上一堆黄土，老子悲痛欲绝。片刻，老子又如释重负，饱餐一顿后倒头大睡。家将、侍女都对老子的这番表现感到不解，等老子醒来后，便问他缘故。

老子回答道："人之生，都是从无到有，又由有返回到无。这是自然之理。违背自然之理就是愚蠢！我想到这个，便当吃就吃，当睡就睡。"众人闻之，心皆豁然旷达。

后来，当老子来到函谷关的时候，函谷关令尹喜见老子出现时有紫气东来的瑞祥，觉得老子是一位高人，便非常热情地招待了老子。后来，尹喜一再拜求老子教他学问，老子就写下了5000多字的文章。这五千言的文章便是《道德经》。

《道德经》又称《道德真经》《老子》《五千言》《老子五千文》。分上下两篇，原文上篇《德经》、

尹喜（前559年—前545年），字文公，号文始先生。甘肃天水人，周代楚康王之大夫，他自幼究览古籍，精通历法，善观天文，习占星之术，能知前古而见未来。周昭王二十三年，眼见天下将乱，他便辞去大夫之职，请任函谷关令，以藏身下僚，寄迹微职，静心修道，或称"关尹"。

■《道德经》碑廊

下篇《道经》，不分章。后改为《道经》在前，《德经》在后，总共为81章。

《道德经》是我国历史上首部完整的哲学著作，其思想内容微言大义，一语万端，为先秦诸子所共仰，是道家哲学思想的重要来源，被华夏先辈誉为万经之王。

《庄子》 又名《南华经》，是道家经文，是战国早期庄周及其门徒所著，到了汉代道教出现以后，便尊之为《南华经》，且封庄子为南华真人。庄子文笔汪洋恣肆，具有浪漫主义的艺术风格，《南华经》乃先秦诸子文章的典范之作。

在春秋战国时期，道家重要流派除了老子之外，还有庄周，他与老子并称为“老庄”，其学说被称为“老庄学说。”

庄周是战国中期宋国蒙人，其祖上系楚国贵族，后因楚国动乱，迁至宋国。庄周自幼静思好学，崇尚老子的道家之学。随着庄周学识的不断长进，他的名气也越来越大，被人们尊称为“庄子”。

庄子的学问非常渊博，对当时各派学术都有研究，并形成他自己的看法。他的代表作品有《庄子》，也称《南华经》，是道家经典之一，为庄子及

庄子梦蝶

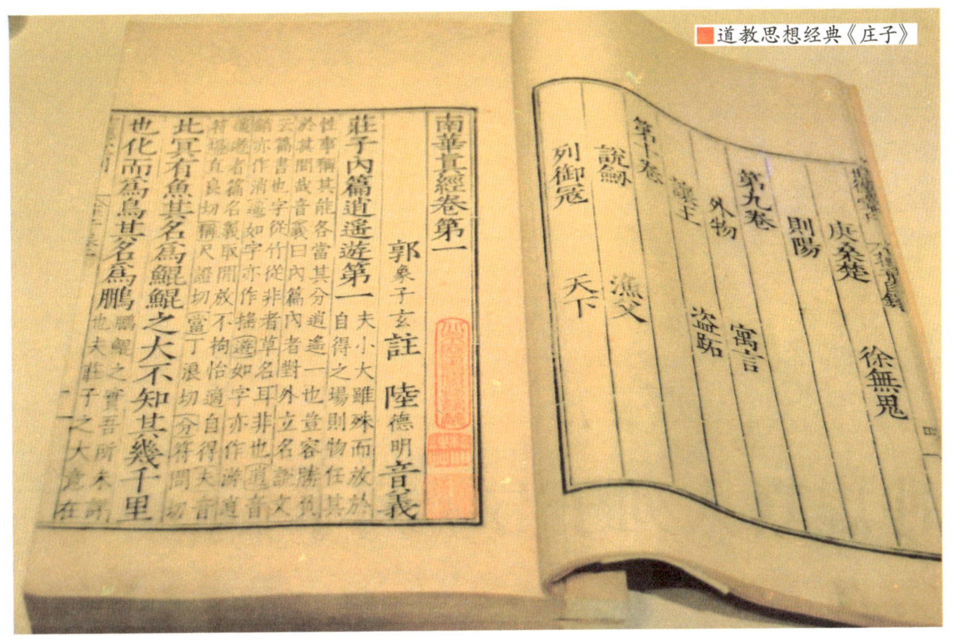

其后学的著作集，其中的《逍遥游》《齐物论》《养生主》等名篇，尤为后世传诵。

庄子超常想象和变幻莫测的寓言故事，构成了庄子特有奇特的想象世界。他的文笔变化多端，并采用寓言故事形式，富有幽默讽刺的意味，对后世文学语言有很大影响。

《庄子》在哲学、文学上都有较高研究价值，它和《周易》《老子》并称为“三玄”。

阅读链接

传说老子从小聪明伶俐，能说会道，而且极富哲学思想。有一次，有人问他：“万物是从哪儿来的？”老子想了想，说：“用一个字来概括就是‘道’。”问的人满腹狐疑地问：“此话何讲？”于是老子就给他解释，问的人受益匪浅。

老子认为，天地之间，只有阴阳而已。阴阳要统一，既不靠天，也不靠地，这就构成了道。任何事物都要维持阴阳的统一和平衡。老子对“道”的认识，是道家思想的核心。

冲虚真人列子与《列子》

那还是战国时期，郑国圃田有位终生致力于道德学问的人名叫列御寇，他曾师从老子弟子尹喜、著名隐士壶丘子、老商氏和支伯高子。由于他学问渊博，道德高尚，一心清静修道，被人们尊称为列子。

■ 列子 名御寇，战国时期郑国圃田人。道家学派著名的代表人物，著名的思想家、寓言家和文学家。对后代的哲学、文学、科技、宗教都有深远的影响。著有《列子》。那时，由于人们习惯在有学问的人姓氏后面加一个"子"字，表示尊敬，所以列御寇又称为"列子"。《列子》中的"天体运动说""地动说""宇宙无限说"，而这些学说都远远早于西方的同类学说。唐玄宗于天宝年间诏封列子为"冲虚真人"。列子一生安于贫寒，不求名利，不进官场，隐居郑地40年，潜心著述20篇，约10万多字。

运粮画像砖

一次，一位列国使者入郑拜访列子时，他发现这位自己仰慕的有道之士，竟然经常在饿肚皮的情况下，埋头搞学问。于是，使者便跟郑国的宰相郑子阳说："你治理的国家一派兴旺景象，而像列子这样一位有道之人，在你的国家却生活得如此贫困，是不是因为你不喜欢像他这样贤达的士人？"

郑子阳听得使者这么一说，他认为自己怠慢了有道之人，便马上派官吏给列子送去10车米粟。列子虽然穷得经常吃不饱饭，但却婉言谢绝了郑子阳送来的米粟。

列子妻子看着可以接济自家的米粟就这样被列子拒之门外，不免有点埋怨丈夫。待郑子阳派来的官吏离开后，她对列子说道："我听说，有道之人的妻子儿女都能够跟着她丈夫享受到安逸欢乐，可是如今我们明明已经在忍饥挨饿，你却仍然将宰相好心赠送给我们的食物拒绝了。你这样做，难道是命中注定我们要跟随你过苦日子吗？"

列子笑着对妻子说："郑子阳先生并没有真正地了解我，只听到别人谈论我便派人送东西给我，说明他是个轻信别人的人。假若有

列子御风图轴

一天他再听到别人说我不好，那么，他也会在不了解真实情况下怪罪于我。这就是我之所以不愿意接受他恩惠的真正原因。”

果然，没过多久，郑国发生了变乱，郑子阳在变乱中被杀，郑子阳的党众也被牵连致死。列子因为没有接受郑子阳的恩惠而得以安然无恙。

当时，因为战争频繁，人们为了保护自己宝贵的生命，纷纷学习“贵生”之道。一次，列子的弟子严恢向列子请教如何做才能保住自身。列子对严恢说：“你如果懂得怎样保持落后，我就可以和你谈怎样保住自身了。”

严恢不解地说：“保持落后就能保住自身吗？请老师赐教。”

列子说：“回头看看你的影子，就知道了。”

聪明的严恢回过头看一下自己的影子，马上便明白了老师的意思，对老师说：“我明白了。身体弯曲，影子便弯曲；身体正直，影子便正直。影子的弯曲与正直是随身体而变化的，根源不在影子自身；自己的屈曲与伸直是随外物而变化的，根源不在我自己。这就叫保持落后却处于前列。”

列子与老子、庄子是道家思想的3个主要代表

贵生 指珍惜生命，以生命为贵。贵生属于我国古代道家子华子学派的学说。子华子认为，道的实体用来保护身体，它的剩余用来治理国家，它的渣滓用来治理天下。圣人深思熟虑天下的事，认为没有什么是比生命更宝贵的。

人物。列子主张清静无为，后被道教尊奉为“冲虚真人”。

庄子在他所著的《庄子》中有许多关于列子的传说，比如列子曾向壶丘子林和老商氏学过气功，而《逍遥游》中把他描绘成为神仙，庄子写道：

列子御风而行，泠然善也，旬有五日而后反；彼于致福者，未数数然也。

意思是说，列子乘风飞行，飘然轻巧，15天后才返回。他对于寻求幸福的事，从来没有急急忙忙追求的样子。

传说当列子潜心修道时，御风而行，常在立春之日乘风游八荒，在立秋之日返回住所“风穴”。这些记载虽然夸张，但也间接反映了列子道家学问的精深和列子超然物外的道家风范。

庄子 名周，字子休，道教祖师，号南华真人，为道教四大真人之一，东周战国时期宋国蒙人，我国战国时期著名的思想家、哲学家、文学家，道家学说的主要创始人之一。庄子是老子思想的继承和发展者。后世将他与老子并称为“老庄”。他们的哲学思想体系，被思想学术界尊为“老庄哲学”。代表作品为《庄子》。

列子御风塑像

列子学说主要是养生术，因为他不大关心政治，认为政治事务与政治斗争，以及一切改造社会和改造自然的努力都有碍于养生。在这方面，列子与老子“无为而无不为”的思想有明显区别，而比较接近于庄子。

列子一生安于贫寒，不求名利，不进官场，隐居郑地40年，潜心著述20篇，约10万多字。

《列子》是列子、列子弟子以及列子后学著作的汇编。全书8篇，140章，由哲理散文、寓言故事、神话故事、历史故事组成。书中共有神话、寓言故事102个，《黄帝篇》中有19个，《周穆王篇》中有11个，《说符篇》中有30个。这些神话、寓言故事和哲理散文，篇篇闪烁着智慧的光芒。

《列子》的每篇文字，不论长短，都自成系统，各有主题，反映睿智和哲理，浅显易懂，饶有趣味。《列子》是我国古代思想文化史上著名典籍，属于诸家学派著作，是一部能开启人们心智，给人以启示，给人以智慧的智慧之书。

阅读链接

少年列子跟着老师尹喜学射箭。有一次，列子一箭射中靶子，忙高兴地跑去问尹喜：“老师，现在我能一箭射中靶子，是不是我已经学会了射箭？”尹喜说：“你知道你为什么射中了靶子吗？”列子回答说：“不知道。”尹喜说：“不知道那还不算学会了射箭。”于是，列子跟着尹喜又学了3年。

3年之后，列子再去向尹喜求教。尹喜又问：“现在你知道你为什么射中靶子的吗？”列子说：“知道了。”尹喜说：“知道了为什么射中，这才算是真正的学好了。你要记住，做学问学技能不能以一两次侥幸成功就满足了，要扎扎实实地弄懂弄通才算是真正掌握了真本领。”

经学家王弼与玄学

那是在魏晋时期，山阳郡有一个王姓家里添了一个男丁，取名叫王弼。

王弼家世显赫，他的曾外祖父是东汉末号称“八俊”之一、身为荆州牧的刘表；六世祖是东汉时名高天下的王龚，官至太尉，位列“三公”；五世祖刘畅为汉末“八俊”之一，官至司空，亦列“三

魏晋时期墓壁画

八卦墙壁雕刻

公”；父亲王业，官至谒者仆射；继祖王粲为“建安七子”之首，是有名的文豪。

王弼生在这样世代书香之家，自幼受到知识熏陶，自然得益不少。少年王弼不仅从小学习、研讨儒、道，常有独到的见解，而且是一个多才多艺的少年。

王弼知识丰富，能说会道，思想敏锐而深刻；他不追求文章辞藻，却有真知灼见。从10多岁开始，他就特别喜欢老子的学说。

老子的无为思想、思辩哲学，庄子的汪洋恣肆，通脱善辩，对少年王弼都有非常大的吸引力。所以，王弼喜欢游乐于山水之间，大自然宽广的天地陶冶出他旷达的性格；音乐之美又使他超拔于自然之外。深思敏察的王弼，从中增长了不少见识，扩大了眼界。

玄学 又称新道家，是对《老子》《庄子》和《周易》的研究和解说。产生于魏晋。是魏晋时期的主要哲学思潮，是道家和儒家融合而出现的一种哲学、文化思潮。它回答的问题是人类已知的西方科学无法回答的问题。这类学问的指导思想，是一种东方哲学的思维方法。

后来，年轻的王弼面对享有盛名的玄学家何晏，竟毫无忌讳地把自己注《老子》的主要思想讲给了何晏听。

王弼说，世界的本体是“无”，是“万物之宗”“无”能生“有”。他把老子所说的“道”也用“无”来解释。他认为“道”就是“无”，所以，“无”或者说“道”是生成宇宙万物的本体，是万物之宗。“道”和“无”能生成万物，这谁也不能叫出它具体名称来，只能意会而已。

王弼又借用古代“五行”的学说，而赋予它新的意义，他说：“天生五物，无物为用。”五物又称五材，即金本水火土，是自然界中存在的五种基本物质，是“有形”的东西，与生成万物的“无”是矛盾的。所以，有形的五物依靠“无”才能发挥作用，产生万物。

玄言诗 一种以阐释老庄和佛教哲理为主要内容的诗歌。玄言诗是东晋的诗歌流派，约起于西晋之末而盛行于东晋。代表作家有孙绰、许询、庾亮等。其特点是玄理入诗，以诗为老庄哲学的说教和注解，严重脱离社会生活。

八卦图

王弼的高谈阔论，令学识渊博的何晏也感到震惊，并深深佩服他的见解。

王弼结合新时代特点，利用儒家经学传统的影响，把自己的思想体系巧妙地贯串在注文之中。他写了很多著作，据史载，有《老子注》《老子指略》《周易注》《周易略例》《论语释疑》《王弼集》5卷。这些著作，打破了汉以来僵化的思维模式，可说是追求思想解放的先锋。

王弼以儒道兼采、以道为主，创立了魏晋玄学的思想体系，对儒学研究的转变起了功不可灭的积极作用。他不仅在魏晋时期的哲学、经学、思想界占领导地位，产生了巨大影响，而且影响到文学创作及佛道两教在内的宗教界。

后世文学方面的玄言诗、山水诗及田园诗，也与王弼的玄学思想和崇尚自然有关。而宋明理学则是在王弼重义理、善思辩的基础上发展的结果。

阅读链接

汉武帝以来，儒家经典就已经成了帝王的工具，但随着历史的变革、时代的发展，儒学实际也已走到了非要变革不可的地步。王弼摒弃汉儒治《易》中的象数传统和迷信色彩，而用义理解释《易》经；把传统的重天思想，转变到注重人事。借鉴《老子》的“无为”思想，提出了“以无为本”的哲学命题。这就给病危的儒学注进了新鲜的血液，建立了以道为主、儒道结合的新时代的新思想。

王弼因此成了魏晋玄学理论体系的奠基人和代表人物，也代表了魏晋时期哲学领域的最高水平。

竹林七贤嵇康与玄学

那还是东汉末年，社会危机日益尖锐，在意识形态上居于支配地位的儒家思想开始动摇，“自然”“无为”的老庄思想开始抬头，人们开始崇尚贵生、避世思想。

到了曹魏建安时期，以曹氏为首的名士们，推崇黄老思想，崇尚放达，以至于清谈之风盛行。魏正始年间，嵇康、阮籍、山涛、向秀、刘伶、王戎及阮咸7人，常在当时的山阳县竹林之下，喝酒、纵歌，肆意酣畅，世谓“竹林七贤”。这对魏晋时期玄学思想产生了直接影响。

嵇康画像

《竹林七贤图》残卷图

居于“竹林七贤”之首的嵇康，曾经写文章论述老庄崇尚自然的论点，说明自己的本性乐在自然。其实，他的这一思想，与他的个人经历有关。

嵇康年幼丧父，由母亲和兄长抚养成人，从小便博览群书和学习各种技艺。成年后的嵇康容貌出众，迎娶魏王曹操曾孙女长乐亭主为妻，官至曹魏中散大夫，世称嵇中散。与曹氏集团的联姻，说明嵇康与曹氏为首的名士们所推崇的黄老思想更接近。他自己曾经这样说：“老庄，吾之师也！”

事实上，在诸多古代经典中，嵇康最喜欢读的就是道家著作。他崇尚老庄，讲求养生服食之道，主张“越名教而任自然”的生活方式。

嵇康承道家虚静淡泊的思想，以超脱的襟怀，深邃的哲思，在自然山水中观照自己的理想人格，赋予自然丰富的主观情感，开创了山水审美寄情、畅神的艺术心灵境界。

嵇康回归自然，超然物外得自在，不为世俗所

中散大夫 官名，简称中散。西汉末年王莽时置，或作东汉光武帝置，掌论议政事，员额30人。历代沿置。唐、宋为文散官，正五品上，为文官第十阶。宋元丰改制后，以换光禄卿至少府监各官。后定为第十四阶。元代时废除。

拘，而又重情谊。有一次，大将军司马昭准备礼聘嵇康为幕府属官，他听说后，赶紧跑到河东郡躲避起来。同为“竹林七贤”的山涛曾推荐他做官，他作《与山巨源绝交书》，列出自己有“七不堪”“二不可”，坚决拒绝为官。

嵇康爱好打铁，铁铺子在后园一棵枝叶茂密的柳树下，他引来山泉，绕着柳树筑了一个小小的游泳池，打铁累了，就跳进池子里泡一会儿。史书《晋书·嵇康传》写道：

康居贫，尝与向秀共锻于大树之下，以自赡给。

嵇康身处乱世，崇尚老庄，讲求服食养生之道，并有自己的养生诀窍，他认为人之所以能长寿，在于注意平时在细微之处保养自己。他的养生之道，关键在于平日一点一滴的修养，不使自身为七情所伤、六淫所中，如此才能身体强健，得以长寿。嵇康认为，只要会养生，人是可以长寿的。

竹林七贤雕塑

竹林七贤

至于导养得理，以尽性命，上获千余岁，下可数百年，可有之耳。

嵇康认为，正确的养生应该是：

君子知形恃神以立，神须形以存，悟生理之易失，知一过之害生。故修性以保神，安心以全身，爱憎不栖于情，忧喜不留于意，泊然无感而体气和平，又呼吸吐纳，服食养身，使形神相亲，表里俱济也。

除了养生，嵇康还通晓音律，尤爱弹琴，著有音乐理论著作《琴赋》《声无哀乐论》，他主张声音本质是“和”，合于天地是音乐的最高境界，认为喜怒哀乐从本质上讲并不是音乐的感情而是人的情感。

嵇康作有《风入松》，相传《孤馆遇神》也为嵇

丹青 我国古代绘画常用朱红色、青色，故称画为“丹青”。民间称画工为“丹青师傅”。也泛指绘画艺术，如《晋书·顾恺之传》：“尤善丹青。”也比喻坚贞。因丹青两色不易变易，所以也叫作丹青不渝。

康所作，又作《长清》《短清》《长侧》《短侧》四曲，被称为“嵇氏四弄”，与东汉著名文学家蔡邕创作的“蔡氏五弄”合称“九弄”，是我国古代一组著名琴曲。

另外，嵇康还擅长书法和丹青。其墨迹“精光照人，气格凌云”，被列为草书妙品。

阅读链接

嵇康曾到洛西去游览，晚上宿于华阳亭，曾遇见一位穿着古代衣服的客人，与嵇康谈论音乐。客人谈到高兴时，便把嵇康的琴要过来弹奏，弹完曲子告诉嵇康说，此曲名叫《广陵散》。嵇康听后很感动，再加上他觉得此人所弹出的声调无人能及，于是就向客人求教。

客人并不拒绝，一遍一遍地教，一直把嵇康教会。之后客人要求嵇康发誓，不把这只曲子传给别人。嵇康指天发誓后，客人连姓名也未留就走了。嵇康学会《广陵散》后，经常弹奏它，以致招来许多人前来求教。

郭象的独化论与玄学

西晋时期青瓷香薰

在西晋中后期，一些清谈名士借“任自然”来作掩护，且美其名曰“通达”“体道”。这种情况严重地腐蚀了门阀士族地主阶级，危及封建名教规范，以至直接影响到门阀士族的政治统治。当时的一些有见识的玄学家，便对这种情况提出了批评。

当时的大学者郭象不赞成把名教与自然对立起来的理论，认为名教完全合于人的自然本性，人的

西晋人物画像

本性的自然发挥也一定符合名教。在此之后，郭象进一步从理论上重新把名教与自然调和统一了起来。

其实郭象在年纪还小的时候，就展现出很高的才华，十几岁的时候，不但已经读完《老子》《庄子》等古书，而且还能一口气背诵出来。由于他知识非常丰富，而且他喜欢把知识应用在日常生活中的小细节里，在跟别人谈论的时候，他提出的见解不但比别人深刻，而且还能够将各种道理说得很清楚，因此在社会上很有声望，一些清谈名士都很推崇他。

后来，随着郭象的名声愈来愈大，朝廷便派人请他做官。郭象推辞不掉只好答应，当上了黄门侍郎。随后郭象又被东海王司马越所招揽，任命为太傅主簿，深得司马越赏识和重用。

对于当时清谈名士“任自然”的主张，西晋著

司马越（？—311年），字元超，河内温县人，东武城侯司马馗之孙，高密王司马泰次子。西晋惠帝至怀帝时期权臣。司马越被封为东海王，参与“八王之乱”，成为最终胜利者。311年，司马越病故于项城，标志着“八王之乱”终结。

名哲学家裴頠在他所著的《崇有论》，揭露放任自然、崇尚虚无给社会政治、经济和风俗带来的严重危害，并从理论上用以有为本批判以无为本，提倡有为，否定无为，推崇名教，排斥自然。

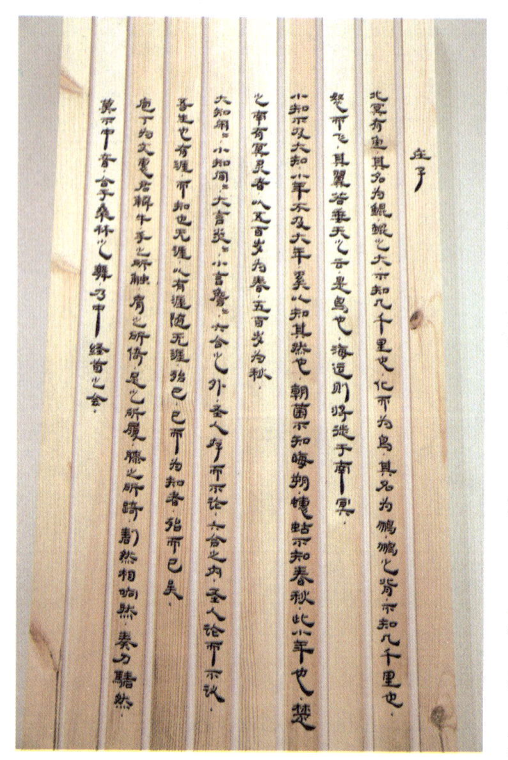

竹简《庄子》

针对哲学家裴頠以名教为本的观点，郭象提出了一套“济有者皆有”的“崇有论”体系。

郭象认为，仁义等道德规范就在人的本性之中，而且物各有性，而“性各有分”。一切贵贱高下等级，都是“天理自然”“天性所受”，人们如果“各安其天性”，则名教的秩序就自然安定了。他提出名教即自然，自然即名教的主张，构成了一套即本即末，本末一体的“独化论”体系。

郭象“独化论”的中心理论是，天地间一切事物都是独自生成变化的。万物没有一个统一的根源或共同的根据，万物之间也没有任何的资助或转化关系。所以他说：

> 凡得之者，外不资于道，内不由于己，掘然自得而独化也。
>
> 万物虽聚而共成乎天，而皆历然莫不独见矣。

裴頠（267年—300年），我国西晋时期的哲学家，字逸民，曾任散骑常侍，国子祭酒兼右军将军、尚书左仆射之职。裴頠反对王弼、何晏的贵无论，提出崇有论。裴頠的思想在当时有很大影响，被认为是崇有派领袖。著有《崇有论》，《晋书》把它完全载入裴頠的传中。

郭象反对王弼等把“无”说成是统摄天地万物生成、变化的共同本体的理论，声称“无既无矣，则不能生有”“不能生物”。他进一步明确指出：“上知造物无物，下知有物之自造”“自生”“自得”“自尔”等等。独化论充分肯定“物皆自然”，反对造物主，否定“有生于无”等观念。

郭象是融合儒道的玄学家，其哲学有两个重要独特的名词，一个是“独化”，一个是“玄冥”。

“冥内而游外”就是儒道融合的结合，其主要特征是，在个体学说中容纳了群体精神，在个人精神境界中包含了道德内容。这在理论上似乎矛盾，因为“玄冥之境”是一种超是非超善恶的精神境界，而伦理道德是有是非善恶的。

为了使其学说能够适应伦理社会的需要，郭象作出了很大妥协，他修订了老庄的自然无为说，他把体

名教 西汉大儒董仲舒倡导“审察名号，教化万民”。汉武帝把符合封建统治利益的政治观念、道德规范等“立为名分，定为名目，号为名节，制为功名”，用它对百姓进行教化，称“以名为教”。但“名教”这个词的正式出现是在魏晋时期，用来指以孔子的“正名”思想为主要内容的封建礼教。

竹简《老子》

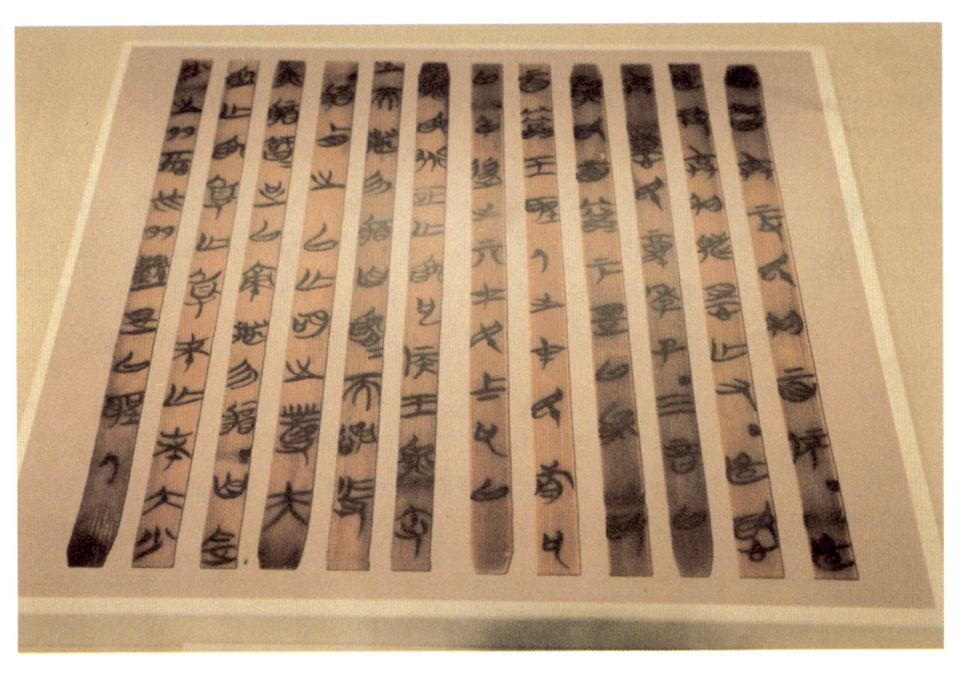

现社会伦理关系的仁义之性看成是存在的重要方式。这样一来，“玄冥之境”实际上包含了道德境界的内容，虽然从其“冥合玄同”的绝对意义上说，亦可说是超道德的。

郭象的“独化论”在理论上有许多不足之处，但在当时历史条件下，逻辑论证是相当精致的。它基本上满足了当时门阀地主阶级调和与统一名教与自然矛盾的理论要求。

郭象著作，流传至今最为重要的是《庄子注》，实际上这不是《庄子》这部书的注解，而是一部哲学著作，它是代表玄学发展第三阶段的最后体系。

经典著作《老子》上载存郭象著《论语体略》2卷；又著录郭象撰《论语隐》1卷，现已亡失。在梁代儒家学者皇侃编著的《论语义疏》中引有郭象注九则，清代著名学者马国翰《玉函山房辑佚书》中有辑本，观其文义，与《庄子注》互相发明，对研究郭象思想很有价值。

阅读链接

郭象在年轻的时候，已经是一个很有才学的人。尤其是他对于日常生活中所接触的一些现象，都能够留心观察，然后再冷静地去思考其中的道理，因此知识十分渊博。后来郭象到朝中做了黄门侍郎。到了京城，由于他的知识很丰富，所以无论对什么事情都能说得头头是道，再加上他的口才很好，又非常喜欢发表自己的见解，因此每当人们听他谈论时，都觉得津津有味。

当时有一位太尉王衍，十分欣赏郭象的口才，他常常在别人面前赞扬郭象说：“听郭象说话，就好像一条倒悬起来的河流，滔滔不绝地往下灌注，永远没有枯竭的时候。”郭象的辩才，由此可知。

法家经典

战国初期，封建制在各诸侯国相继建立，应经济、政治、思想领域全面变革奴隶制的需要，产生了新兴地主阶级的法家学派。这一学派的著名思想家如管仲、商鞅、申不害、韩非、李斯等，都主张以法治国，在法律界及法理学方面做出了卓越贡献。

法家在法理学方面做出了很大贡献，对于法律的起源、本质、作用以及法律同社会经济、时代要求、国家政权、伦理道德、风俗习惯、自然环境以及人口、人性的关系等基本的问题都做了探讨，且卓有成效。

春秋第一相管仲与《管子》

那是在我国春秋末年，在竞相争霸的各个诸侯国中，齐国是实力较强的一个。

当时的齐国是齐襄公在位，但由于内部矛盾尖锐，齐襄公的兄弟和大臣都逃往国外。公子小白和公子纠也都出国寻找政治出路。

管仲画像

公子纠的母亲是鲁国国君的女儿，所以拥护公子纠的大臣管仲便陪同公子纠来到鲁国，而公子小白则在大臣鲍叔牙的保护下躲到了莒国。

后来齐国发生内乱，逃亡在外的公子纠和公子小白都想趁此机会夺回君位。

公子小白接到信后与鲍叔牙提

前上路。当公子纠得知公子小白已经上路时，就派管仲带人埋伏在路上准备偷袭公子小白。当公子小白飞马赶到时，管仲搭弓引箭向公子小白射去，公子小白大叫一声倒在地上装死。管仲误以为公子小白已死，便匆忙赶回去向公子纠报告。

古籍《管子》书影

其实公子小白只是肩臂上受了一点伤，并无生命危险。等管仲走后，公子小白与鲍叔牙快马加鞭赶回齐国，并顺利地当上了齐国的国君，即齐桓公。

管仲与公子纠知道公子小白当上齐国国君后，便求得鲁国帮助攻打齐国，想要夺回王位。交战中鲁国大败，公子纠被杀，管仲也被装入了囚车送回齐国。

鲍叔牙与管仲是好朋友，两人的交情非常深。当管仲被送回齐国边境的时候，鲍叔牙把他从囚车中放出来，并劝说管仲辅助齐桓公。

公子小白（前716年—前643年），即齐桓公，春秋时代齐国第15位国君，是姜太公吕尚的第十二代孙，是齐僖公禄甫的三儿子，其母为卫国人。公元前685年到公元前643年在位。他任用管仲为相，国势渐盛，终成“春秋五霸”之首。

管仲本来就有“治国平天下”的远大抱负，于是就答应了。但齐桓公一直对管仲射他一箭怀恨在心，想要处死管仲。鲍叔牙对齐桓公说：“我的才能远远不及管仲，如果您想要治国图强在天下称霸，您就必须重用管仲。”

齐桓公是个非常爱惜人才的人，他听鲍叔牙这样

山戎 是我国春秋时期北方的一支较强大的少数民族。又称北戎，匈奴的一支。活动地区在今河北省北部。据史书记载，山戎部族以“射猎禽兽为生”，经常联合侵犯中原。公元前664年，齐桓公兴兵救燕伐山戎，灭掉令支、孤竹山戎部族，约战国晚期，山戎逐渐销声匿迹。

一说，便打消了杀管仲的念头。为了试探一下管仲到底有多大的才能，齐桓公便任用管仲为国相，位在鲍叔牙之上。鲍叔牙并没有因此而嫉妒管仲，反而与管仲齐心协力辅助齐桓公。

管仲立即推荐了公子举、公子开方和曹孙宿3位人才，把他们派出去做鲁国、卫国和荆国的大使，先来稳定国际间的紧张局面。齐桓公都立刻照办了。

紧接着，管仲又起用了一批各有所长、尽忠职守的出色人才。其中最具代表性的便是“桓管五杰”，他们是负责外交、农业经济、国防军事、司法行政、监察的5位大臣。

管仲对齐桓公说：“这5个人，每个人都比我强，如果把我做他们无论哪一部的事，我是决不干的。假如你只想把齐国一国政治搞好，国富兵强，只要有这5位大臣就行了。如果你想做到在列国之间做霸主，那就非我不可了。”

齐桓公说：“好吧，都照你说的去办吧！”

《东周列国志》插图

由于管仲大刀阔斧地改革，推行改革，实行军政合一、兵民合一的制度，齐国逐渐强盛。公元前681年，齐桓公在甄地召集宋、陈等4国诸侯会盟，成为我国历史上第一个充当盟主的诸侯。

管仲蜡像

当时中原华夏各诸侯苦于戎狄等部落的攻击，于是齐桓公打出“尊王攘夷”的旗号，北击山戎，南伐楚国，成为中原第一个霸主，受到周天子赏赐，齐国的势力更加壮大了。

管仲终于帮助齐桓公成就了春秋第一霸主的地位。他也因此被后人誉为“春秋第一相”。

由于管仲的思想和政绩非比寻常，在管仲去世后的战国初年，管仲的学生和门人在齐都临淄稷下学宫形成了一个管仲学派。他们收编和记录管仲生前思想、言论，编撰成了《管子》一书。

《管子》原书564篇，除去重复的478篇，实为86篇。后经汉代经学家刘向编定86篇，全书16万言，内容分8类。其中包括《经言》9篇，《外言》8篇，《内言》7篇，《短语》17篇，《区言》5篇，《杂篇》10篇，《管子解》4篇，《管子轻重》16篇。

《管子》有很强的法家色彩，包括大量具体的治国方术。其中对法律的作用分析认为：

法者，所以兴功惧暴也；律者，所以定分止争也；令者，所以令人知事也。

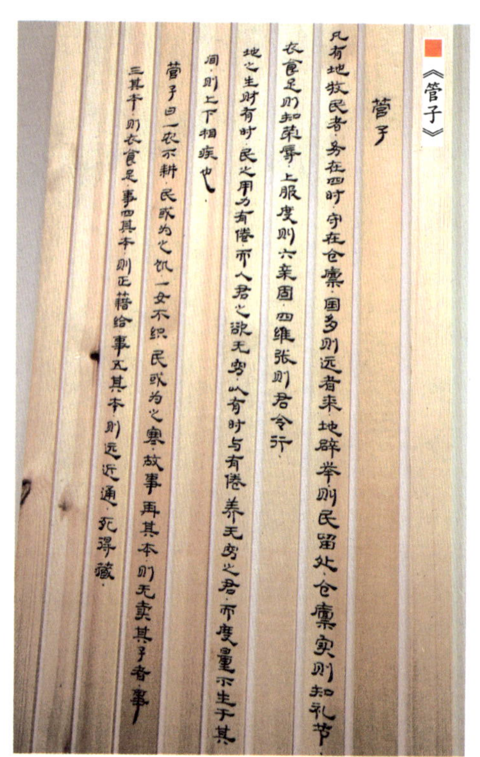

管子
凡有地牧民者务在四时守在仓廪国多财则远者来地辟举则民留处仓廪实则知礼节
衣食足则知荣辱上服度则六亲固四维张则君令行
地之生财有时民之用力有倦而人君之欲无穷以有时与有倦养无穷之君而度量不生于其
间则上下相疾也
管子曰一农不耕民或为之饥一女不织民或为之寒故事再其本则无卖其子者事
三其本则衣食足事四其本则正籍给事五其本则远近通死得藏

《管子》

同时《管子》也糅合了儒家思想，例如《管子》认为，治国之道，必先富民。民富则易治，民贫则难治，可谓观点鲜明。

《管子》也含有道家思想，例如其中就有最古老的道教修行的记载。《管子》也有经济学的观念，《乘马》一章中指出："市者，可以知治乱，可以知多寡""而万人之所和而利也。"

《管子》在社会科学方面几乎无所不包，而且对自然科学、思维科学的某些内容也有许多论述。在诸子百家中占有十分重要的地位，是研究我国古代政治、经济、法律等各方面思想的珍贵资料。

阅读链接

鲍叔牙和管仲是好朋友。管仲出身贫寒，鲍叔牙出身大家，两人合伙经商时，鲍叔牙总是把更多的利益让给管仲。鲍叔牙和管仲一起去当兵，每次作战管仲都会向后缩，所以经常遭到别人的耻笑。每当这时，鲍叔牙总要站出来为管仲辩解说："管仲并不是贪生怕死之辈，他家里有老母亲在，他哪敢死呢！"鲍叔牙后来当官，把管仲从一介贫民，逐步提拔为太子纠的辅佐。

管仲对鲍叔牙没齿难忘，他在晚年时，逢人便诉说对鲍叔牙的感念，二人的友情可谓至深。

改革家商鞅与《商君书》

那是在我国战国时期，卫国的一个贵族世家家里添了一个儿子，取名公孙鞅。公孙鞅是卫国国君的后裔，姬姓公孙氏。

商鞅塑像

公孙鞅年轻时十分喜欢刑名法术之学，受著名法家人物李悝、吴起的影响很大，他向明于刑名之术的思想家尸佼学习杂家学说，后侍奉魏国国相公叔痤任中庶子。

公元前362年，秦孝公继位，公孙鞅听说秦孝公在国内发布求贤令，他便携带李悝的《法经》投奔秦国，通过秦孝公的宠臣景监见孝公。

公孙鞅第一次用帝道游说秦孝公，秦孝公听后直打瞌睡，并通过景监指责公孙鞅是个狂妄之徒，不可任用。

5天后，公孙鞅再次会见秦孝公，用王道之术游说，秦孝公还是不能接受并再次通过景监责备公孙鞅。

公孙鞅便又第三次去拜见秦孝公，这次他用霸道之术游说。秦孝公虽然予以肯定，但没有被采用。然而聪明的公孙鞅此时已领会秦孝公心中争霸天下的意图，于是，他再次求见秦孝公。

这次会见，公孙鞅开始畅谈富国强兵之策，秦孝公听时十分入迷，膝盖不知不觉向公孙鞅挪动，二人畅谈数日毫无倦意。

景监不得其解，事后向公孙鞅询问缘由。公孙鞅说秦孝公意在争霸天下，所以对耗时太长才能取得成效的帝道、王道学说不感兴趣。

公元前359年，秦孝公打算在秦国国内进行变法，但又害怕国人议论纷纷，所以犹豫不决。于是，他召开朝会命臣工商议此事，旧贵族代表甘龙、杜挚起来反对变法。

公孙鞅针锋相对地说："以前的朝代政教各不相同，应该去效法哪个朝代的古法呢？古代帝王的法度不相互因袭，又有什么礼制可以遵循呢？伏羲、神农教化不施行诛杀，黄帝、尧、舜虽然实行诛杀但却不过分，等到了周文王和周武王的时代，他们各自顺应时势而建立法度，根据国家的具体情况制定礼制，礼制和法度都要根据时势来制

商鞅青铜方升

秦朝人物蜡像

定，法制、命令都要顺应当时的社会事宜，兵器、铠甲、器具、装备的制造都要方便使用。所以说，治理国家不一定用一种方式，只要对国家有利就不一定非要效法古代。”

公孙鞅进一步阐述道：“商汤、周武王称王于天下，并不是因为他们遵循古代法度才兴旺，殷朝和夏朝的灭亡，也不是因为他们更改旧的礼制才覆亡的。既然如此，违反旧的法度的人，不一定就应当遭责难；遵循旧的礼制的人，不一定值得肯定。国君对变法的事就不要迟疑了。”

秦孝公最终采纳了公孙鞅的意见，决定在国内进行变法。公孙鞅在这次变法之争时提到的“圣人苟可以强国，不法其故；苟可以利民，不循其礼”，成为了当时的秦国政治的指导原则。

周武王（约前1087年—前1043年），姬发，周文王次子。西周王朝开国君主。他继承父亲遗志，于公元前11世纪消灭商朝，夺取全国政权，建立了西周王朝，表现出卓越的军事、政治才能，成为了我国历史上的一代明君。去世后谥号“武”，史称周武王。

变法之争结束后，秦孝公于公元前359年命公孙鞅在秦国国内颁布《垦草令》，作为全面变法的序幕。其主要内容有刺激农业生产、抑制商业发展、重塑社会价值观，提高农业的社会认知度、削弱贵族、官吏的特权，让国内贵族加入到农业生产中、实行统一的税租制度等改革方略。

经过了两次变法后，秦国产国力逐渐强大。河西在秦穆公时，曾是秦国的土地，秦穆公去世后，有一次秦国和魏国交战，秦国败，便把河西割让给魏国。

秦献公（约前424年—前362年），《世本》作秦元献公，《越绝书》作秦元王。《史记索隐》记载名师隰，《吕氏春秋》记载公子连。秦灵公之子，战国时期秦国国君，在位期间在秦国国内进行改革，其中包括废止人殉、迁都、扩大商业活动、编制户籍和推广县制，是秦国实现再度崛起的奠基人。

收复河西失地、恢复秦穆公时期的霸业，一直是秦献公和秦孝公两代国君的愿望。秦孝公继位后，更是将收复河西失地作为国家的首要任务之一。所以，国力富强后，秦孝公便开始酝酿攻打魏国。

公孙鞅作为收复河西失地的主将，在战争中充分显示了他的军事及外交才能，使此战获得了胜利。秦孝公为奖励他，遂封他为商君，食十五邑。从此公孙鞅被称为商鞅。

商鞅的思想在他去世后经过发展，逐渐形成一门学派，名为商学派。商学派经过建立、开拓、发展、定型和后劲五个阶段，配合秦的历史，逐渐成为主宰秦国乃至后来的统一帝国秦王朝的思想主流。

《商君书》也称《商子》，是商鞅及其后学的著作汇编，是法家学派的代表作之一。书中主张依法治国、重农抑商、重战尚武、重刑轻赏，贬斥儒家学说、纵横家及游侠。

《商君书》文体多样，议论体有《农战》《开塞》《划策》等十数篇，或先综合后分析，或先分析后综合，兼用归纳演绎，首尾呼应。有时也运用比喻、排比、对比、借代等修辞手法。

其中，《徕民》篇运用了“齐人有东郭敞者”的寓言，以增强说理的效果和形像性。说明体有《垦令》《靳令》《境内》等篇，是对秦政令的诠释。辩难体有《更法》，通过人物对话相互驳辩来阐述中心论点，西汉著名史学家司马迁将其录入《史记·商君列传》，用以表明商鞅的主张。

《商君书》文字虽然不多，但内容庞杂，其中涉及经济、政治、军事、法治等等诸多重大问题，可谓洋洋大观，成为我国古代的法家经典著作，对后世影响很大。

阅读链接

公元前341年，秦国联合齐、赵两国攻打魏国。同年9月，秦孝公派商鞅进攻魏国河东，魏派公子卬迎战。两军对峙时，商鞅派使者送信给公子卬，说：“我当初与公子相处得很快乐，如今你我成了敌对两国的将领，不忍心相互攻击，我可以与公子当面相见，订立盟约，痛痛快快地喝几杯然后各自撤兵，让秦魏两国相安无事。”

公子卬赴会时被商鞅埋伏的甲士俘虏，商鞅趁机攻击魏军，魏军大败。魏惠王被迫割让河西部分土地求和。

以术著称的申不害与法家

战国时期的纵横家书

那是在我国战国时期的公元前354年，素与韩国有隙的魏国出兵伐韩，包围宅阳。面对重兵压境的严重局面，韩国国君韩昭侯及众大臣均感束手无策。

在这危急关头，有一个叫申不害的低级官员对韩昭侯说：“要解国家危难，最好的办法是示弱。现在魏国强大，鲁国、宋国、卫国都去朝见，您如果执圭去朝见魏王，魏王一定会心满意足，自大骄狂。这样必引起其他诸侯不满而同

春秋战国时期战争

情韩国。”

韩昭侯觉得申不害说得非常有理，就采纳了申不害的建议，亲自执圭去朝见魏惠王，表示敬畏之意。魏惠王果然十分高兴，立即下令撤兵，并与韩国约为友邦。

从这次向建议韩昭侯执圭去见魏惠王后，这位低乡官员申不害便被韩昭侯刮目相看，逐步成为韩昭侯的重要谋臣。从此，申不害得以在处理国家事务上施展自己的智慧和才干。

公元前353年，魏国又起兵伐赵，包围了赵国都城邯郸。赵成侯派人向齐国和韩国求援。韩昭侯一时拿不定主意，就询问申不害，应如何应对。

申不害担心自己的意见万一不合国君心意，不仅于事无补，还可能惹火烧身，他便回答说：“这是国家大事，让我考虑成熟再答复您吧！”

韩昭侯（？—前333年），名韩武，别称韩厘侯、韩昭厘王。我国春秋时期“战国七雄”之一的韩国的君主。在位28年。在“战国七雄”之中，原来以韩国最为弱小，韩昭侯在位期间任申不害主持国政，内修政务，外御强敌，国势安定。使韩国政治清明，国力强大。

战国时期军队的弓弩手

赵国 “战国七雄”之一，国君为嬴姓赵氏，原为赵侯，公元前325年称赵王。赵武灵王曾实行“胡服骑射”改革措施，放弃中原人的宽衣博带和战车战术，换以短衣紧袖、皮带束身、脚穿皮靴的胡服和单人骑兵战术，国力大强。公元前222年被秦军所灭，而秦灭赵后遂统一中原。

随后，申不害不露声色地游说韩国能言善辩的名臣赵卓和韩晁，鼓动他们分别向韩昭侯进言，陈述是否出兵救赵的意见，自己则暗中观察韩昭侯的态度。等摸透韩昭侯的心思后，申不害才进谏说应当联合齐国，伐魏救赵。

韩昭侯果然大悦，听从申不害意见，与齐国一起发兵讨魏，迫使魏军回师自救，从而解了赵国之围。

韩昭侯从申不害处理外交事务的卓越表现及其独到的见解，发现他是难得的治国人才，于是便力排众议，于公元前351年，破格拜申不害为相，以求变革图强。

申不害为相后，变法改革的第一步就是整顿吏治，加强君主集权。申不害认为，君主只有用“法”才能使群臣的行为统一起来，只有用“法”的标准来衡量群臣的行为，才能使国家的义正。

申不害把法比作称量物体的权衡，用来考察群臣的行为。他认为，只有用“法”来治理国家，用“法”的标准来检验官吏的行为，国家才能够得到治理，官吏的行为才有一个正确的检验标准，社会秩序才能巩固。

为了实现“法”治，申不害在韩昭侯的支持下，首先向挟封地自重的侠氏、公厘和段氏三大强族开刀。申不害果断收回三大强族特权，推倒其城堡，清理其府库财富充盈国库。这些举措，不但稳固了韩国的政治局面，而且使韩国实力大增。

申不害少年时喜欢黄老，以为“人法地、地法天、天法道、道法自然”。一切事物都有正反两个方面，并且可以互相转化，如“祸兮福之所倚，福兮祸之所伏”等。后来又学习了其他的杂学诸说，尤其是学习了学者管子、李悝、慎到学术理论中的“术”的成分。

“术”是讲国君如何控制大臣、百官，是君主驾驭臣下的手腕、手法，也就是权术。其核心是任免、

慎到（约前395年—约前315年）先秦诸子之一，赵国人，早年曾“学黄老道德之术”，其学术倾向有人认为属于黄老道家，有人认为属于法家，也有人鉴于其道法结合的思想倾向，称之为道法家。慎到长期在齐国稷下讲学，是稷下学宫的学术领袖人物之一。

■ 春秋战国时期运粮画像砖

监督、考核臣下之术，史称“阳术”。

所以，申不害主张君主“无为”，但大臣必须有能力，而且要有为。要求被任命的官吏必须名实相副，即根据官吏地职务要求，看这个人有没有能力胜任，然后才能授官。

另外，申不害强调君主在国家政权中的独裁地位，主张君主要独断，具体工作可以交给臣下，国君不必事必躬亲，但生杀大权牢牢掌握在自己手中，绝不能大权旁落。

变法改革的第一步完成后，申不害又向韩昭侯建议整肃军兵，并主动请命，自任韩国上将军。他将贵族私家亲兵收编为国家军队，与原有国兵混编，进行严酷的军事训练，使韩国的战斗力大为提高。

申不害为富国强兵，还十分重视土地问题。他极力主张百姓多开荒地，多种粮食。同时，他还重视和鼓励发展手工业，特别是兵器制造。所以，当时韩国冶铸业是非常发达的，有“天下之宝剑韩为众”“天下强弓劲弩，皆自韩出”的说法。

战国时期作战雕塑

战国时期战争场景

申不害在韩国为相15年，“内修政教，外应诸侯”，帮助韩昭侯推行“法”治、“术”治，使韩国君主专制得到加强，国内政局得到稳定，贵族特权受到限制，百姓生活渐趋富裕，使韩国呈现出一派“国治兵强”的生机勃勃局面。

在当时，韩国虽然处于强国的包围之中，但由于申不害有力的改革措施，却能相安无事，并成为与齐、楚、燕、赵、魏、秦并列的“战国七雄”之一。

阅读链接

申不害是我国早期的法家，《史记》有“著书两篇，号曰申子”的话，《汉书》有“申子六篇”的话，但全都亡佚了。法家中有三派：慎到重“势”、申不害重“术”，商鞅重“法”。

申不害的学术思想，明显地受到道家的影响。他认为宇宙间的本质是“静”，其运动规律是“常”，他把这种“静因无为”的哲学思想用于“权术”之中。为了完善这种方法，他进一步发挥《老子》“柔弱胜刚强”的思想，要求君主“示弱”，在关键时刻，申不害要求君主独揽一切，决断一切。

集大成者韩非与《韩非子》

韩非画像

那还是我国战国时期，约公元前281年，韩国国君歇的妃子生下一个儿子，取名韩非。韩非从小就聪明好学，后来拜著名的荀子为师，学习各种经论。韩非有些口吃，不善言谈，但他博学多能，才学超人，文章写得非常好，他的同学李斯自以为不如。

韩非虽然师奉荀子，但思想观念却与荀子大不相同，他没有承袭荀子的儒家思想，而是在当时新的

竹简《韩非子》

历史形势下，顺应时代发展的需求，“喜刑名法术之学”，并“归本于黄、老”，继承并发展了法家思想，成为当时法家之集大成者，被人们尊称为韩非子。

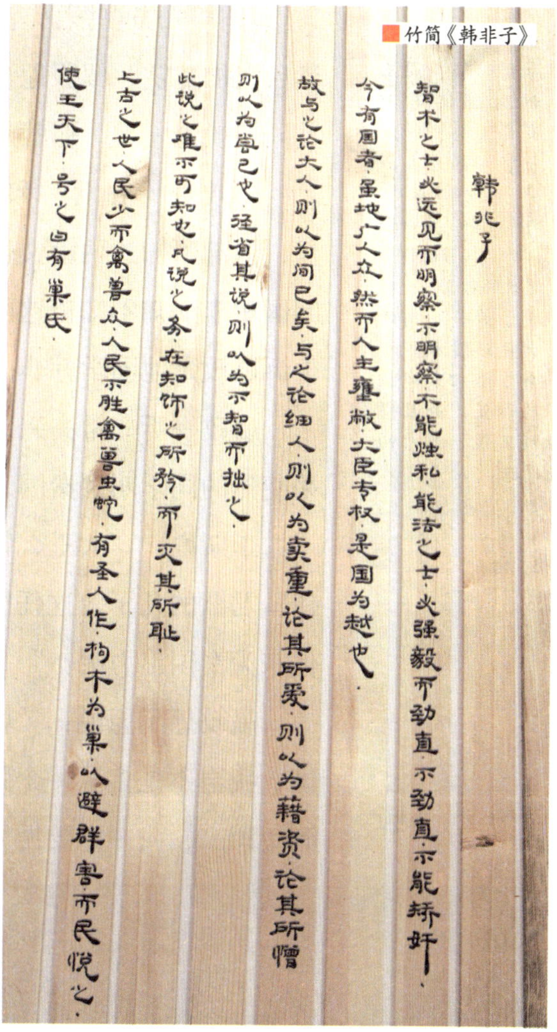

当时，韩国是“战国七雄”最弱小的国家，韩国邻近的秦国非常强大，为此韩国饱受秦国的威胁。再加上此时的韩王安个性懦弱，政权落入重臣之手，国内外形式都十分危急。

韩非眼见韩国国力日趋衰弱，内心非常着急，他便吸收了儒、道和法家商鞅的学说，提出一套要把君主的权威提高到绝对的地位的理论。

韩非多次向韩王安上书进谏自己的这套治国理论，希望国君安能够按照自己的建议励精图治，变法图强。然而安对韩非的进谏置若罔闻，始终都没采纳。

韩非大失所望，在悲观失望之余，他从“观往者得失之变”之中探索变弱为强的道路，并写了《孤愤》《五蠹》《内外储》《说林》《说难》等10余万言的著作，全面、系统地阐述了他的法治思想，抒发了自己忧愤孤直而不容于时的愤懑。

上卿 古代官名。春秋时期，周王朝及诸侯国都有卿，是高级长官，分为上、中、下三级，即：上卿、中卿和下卿。战国时作为爵位的称谓，一般授予劳苦功高的大臣或贵族。相当于丞相或宰相的位置，并且得到王侯、皇帝的青睐。

韩非写的这些著作流传到秦国后，秦国国君嬴政读后大加赞赏，佩服地说："寡人如果能见此人，与其同游谈论一番，那就是死也都无憾了！"

嬴政对《五蠹》和《孤愤》推崇备至，仰慕已极，但却不知这两篇文章的作者是谁。有一天，嬴政问国相李斯知不知道这两篇文章的作者是谁，李斯便告诉嬴政是他同学韩非的著作。

嬴政一听非常高兴，他马上说："你把你这个文采斐然的同学叫到秦国，让他做我的门客吧。"

李斯说："大王，韩非是韩国的公子，是韩国上任国君歇的儿子，这任国君安的弟弟，韩国怎么肯让他来为秦国出力呢？"

嬴政想了想说："韩非这么有才华，让他留在韩国，我岂不是多了一个强劲的对手！我一定要把他弄到秦国来，我一定要见见这个了不起的大才子。"

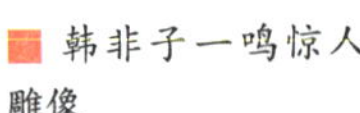
韩非子一鸣惊人雕像

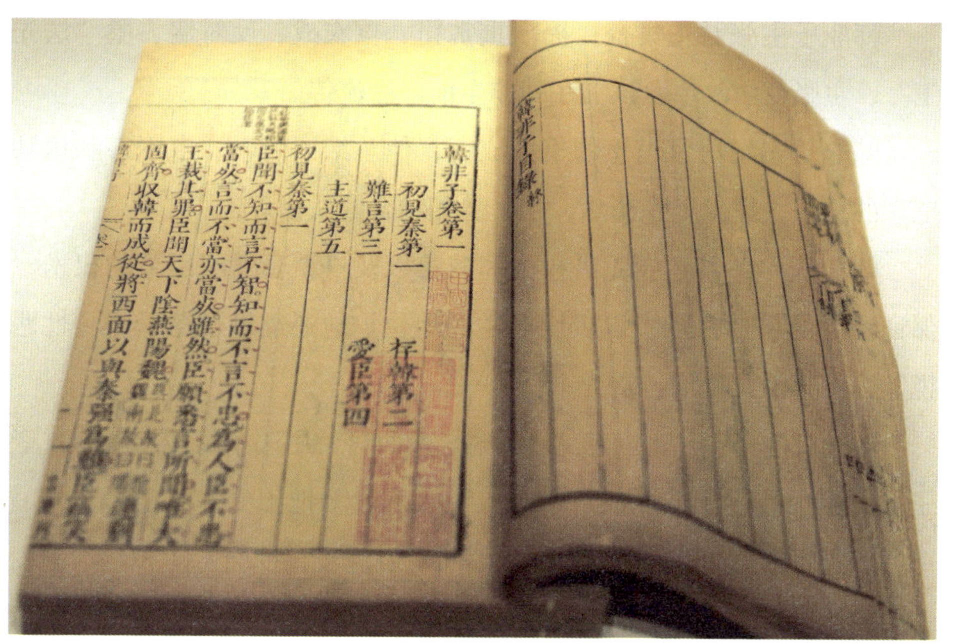

■古书《韩非子》

为了见到韩非，嬴政便急切下令攻打韩国。韩国国君安本来一点都不重视韩非，也从不任用他，但在这种形势急迫的情况下，不得不起用韩非，并派韩非出使秦国求和。

嬴政见到韩非十分高兴，他本来想重用韩非。国相李斯和上卿姚贾怕韩非取代了他们的位置，便极力在秦始皇面前诽谤韩非。嬴政听信了他们的谗言，既不信任韩非，也没有重用他。

后来，韩非去世后，当时各国国君与大臣竞相研究其著作《韩非子》，嬴政在《韩非子》的思想指引下，完成统一六国的帝业，做了始皇帝，号称秦始皇。

《韩非子》又称《韩子》，是韩非主要著作的辑录，共有文章55篇，10余万字。里面的文章，风格严峻峭刻，干脆犀利，保存了丰富的寓言故事，在先秦诸子散文中独树一帜。

性恶说 是我国古代著名思想家荀子提出的一种对人性的看法。荀子认为，人的本性并不是那么美好的，人的本性就是恶的，顺着人性的自然发展，必然导致各种恶的行为发生，造成社会的争乱。因此，必须用礼义法度等去化导人的自然本性，才可为君子。

韩非子主张君主集权，提出重赏罚，重农战，反对儒、墨“法先王”，主张变法改革。该书在韩非生前即已流传。

韩非是先秦法家思想的集大成者，他总结了商鞅、申不害和慎到三家的思想，提出了一套法、术、势相结合的法治理论。

韩非认为，君主应凭借权力和威势以及一整套驾驭臣下的权术，保证法令的贯彻执行，以巩固君主的地位。他还继承了荀子的“性恶说”，主张治国以刑、赏为本。

在《韩非子》中，《解老》《喻老》两篇，用法家的观点解释《老子》，集中表述了韩非的哲学观点；《五蠹》把历史发展分为上古、中古、近古3个阶段，他认为时代不断发展进步，社会生活和政治制度都要发生变化，复古的主张是行不通的；《显学》则记述了先秦儒、墨显学分化斗争的情况，主张禁止一切互相矛盾的学说，定法家的学说于一尊。

尤可称道的是，《韩非子》第一次明确提出了“法不阿贵”的思想，主张“刑过不避大臣，赏善不遗匹夫”。这是对我国法制思想的重大贡献，对于清除贵族特权、维护法律尊严，产生了积极的影响。

阅读链接

《韩非子》中有一个“自相矛盾”的故事。矛和盾是古时候两种武器，矛是用来刺人的，而盾则是用来挡矛的，功用恰恰相反。

楚国有一个兼卖矛和盾的商人。一天，他带着这两样货色到街上叫卖，先举起盾牌向人吹嘘 说：“我这盾牌非常坚固，无论怎样锋利的矛枪也刺不穿它。”停一会儿，他又举起矛枪向人夸耀说：“我这矛枪非常锋利，无论怎样坚固的盾牌它都刺得穿。”旁边的人听了，就问他说：“照这样说，就用你的矛枪来刺你的盾牌。结果会怎样呢？”这个商人窘得答不出话来了。

精通帝王术的李斯与法家

在我国战国时期的楚国上蔡这个地方，一户李姓人家家里添了一个男孩，取名李斯，字通古。

李斯从小就是善于思考的人，一天，他发现厕所中的老鼠，看到人来就惊慌失措地逃窜，使他忽然想到，米仓的老鼠看到他时，不但不逃，还大摇大摆地享用粟米。

李斯石刻雕像

这件事使李斯顿悟到环境对个人命运的影响，意识到做“厕中鼠”或“仓中鼠”，完全看自己怎么选择！于是，李斯决定做自己命运的主宰。

为了达到飞黄腾达的目的，李斯到齐国求学，拜大学者荀子为师，向他学习如何治理国家的学问，即所谓的“帝王之术”。

吕不韦（前292年—前235年），战国末期卫国的著名商人，后来的秦国丞相，著名的政治家、思想家。他往来各地，以低价买进，高价卖出，以“奇货可居”闻名于世，曾经辅佐秦庄襄王登上王位，他的门客有3000多人。他还组织门客编写了《吕氏春秋》，对后世影响很大。

学成之后，李斯辞别老师，来到了当时最强的秦国首都咸阳。在咸阳，李斯很快就得到秦相吕不韦的器重，当上了秦国小官，有了接近秦王嬴政的机会。

有一次，李斯对秦王说：“凡是干成事业的人，都必须要抓住时机，过去秦穆公时虽然很强，但未能完成统一大业，原因是时机还不成熟。自秦孝公以来，周天子彻底衰落下来，各诸侯国之间连年战争，秦国才乘机强大起来。现在秦国力量强大，大王贤德，消灭六国如同扫除灶上的灰尘那样容易，现在是完成帝业，统一天下的最好时机，千万不能错过。”

当时，秦王正下决心准备统一六国，所以李斯这话甚得秦王欢喜。

于是，秦王便听取李斯用离间各国君臣的计谋对付六国，并按照李斯提出“先灭韩，以恐他国”的吞并顺序开始征伐韩国。李斯也因这个建议而得到了秦王的赏识，被提拔为长史。

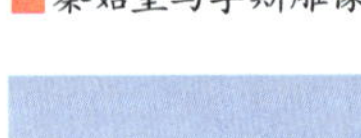

秦始皇与李斯雕像

韩国怕被秦国灭掉，派水工郑国到秦国鼓动修建

水渠，目的是想削弱秦国的人力和物力，牵制秦的东进。后来，郑国修渠的目的暴露了。这时，东方各国也纷纷仿模韩国派间谍来到秦国做宾客。

李斯塑像

秦国的群臣对外来的客卿议论很大，有大臣对秦王说："各国来秦国的人，大都是为了他们自己国家的利益来秦国做破坏工作的，请大王下令驱逐一切来客。"

于是，秦王便下了逐客令，楚国人李斯也在被逐之列。这时，李斯给秦王写了一封信，劝秦王不要逐客，他说："我听说群臣议论逐客，这是错误的。从前秦穆公求贤人，从西方的西戎请来由余，从东方的楚国请来百里奚，从宋国迎来蹇叔，任用从晋国来的丕豹、公孙支。秦穆公任用了这5个人，兼并了二十国，称霸西戎。秦孝公重用商鞅，实行新法，移风易俗，国家富强，打败楚、魏，扩地千里，秦国强大起来。秦惠王用张仪的计谋，拆散了六国的合纵抗秦，迫使各国服从秦国。秦昭王得到范雎，削弱贵戚力量，加强了王权，蚕食诸侯，秦成帝业。这四代王都是由于任用客卿，对秦国才做出了贡献，如果这四位君王也下令逐客，只会使国家没有富利之实，秦国也没有强大之名。"

秦王明辨是非，他果断地采纳了李斯的建议，立即取消了逐客令，李斯仍然受到重用，被封为廷尉，重新受到秦王政的重用后。李斯以卓越的政治才能和远见，于公元前221年，辅助秦王完成了统一六国的大业，建立了秦王朝。

秦建立后，秦王嬴政自称始皇帝，李斯被任为丞相。当时，由于各国的文字很不统一，同一个字，就有好几种写法。李斯便向秦始皇建议 “书同文字”，于是，秦始皇便下令禁用各诸侯国留下的古文字，一律以秦篆为统一书体。

公元前210年，李斯向秦始皇上了一道重要的奏折，废除原来秦以外通行的六国货币，在全国范围内统一货币。

于是，在李斯的主持下，货币规定了以黄金为上币，以镒为单位，每镒重二十四两，以铜半两钱为下币，一万铜钱折合一镒黄金。并严令珠玉、龟、贝、银、锡之类作为装饰品和宝藏，不得当作货币流通。同时，规定货币的铸造权归国家所有，私人不得铸币，违者治罪等。

李斯向秦始皇提的建议和措施，都是以法家的加强中央集权和君主专制思想为指导的，李斯的一生，绝大部分时间都是在实践着法家的思想。

李斯的政治主张，依法治国的施政措施，对我国和世界产生了深远的影响，奠定了我国2000多年政治制度的基本格局。

阅读链接

秦王朝建立之初，宰相李斯为了巩固新政权，对秦始皇说："由于时代的变化，五帝三代的治国办法并不值得效法。现在天下统一，首先应该防止搅乱民心。对于造谣惑众，不利于统一天下的言行必须禁止，否则将会影响政局的稳定，有损于皇帝的权威。"李斯的建议得到了秦始皇的允许。在李斯的建议和主持下，秦王朝还废除了六国旧制，统一车轨、文字、度量衡制度。

李斯政治主张的实施对我国和世界产生了深远的影响，奠定了我国2000多年政治制度的基本格局。

各家各派

春秋战国时期的学术派别，除了儒家、道家、法家外，还有墨家、名家等学派学说，这是我国历史上第一次思想大解放。

墨家是众多学派中的一个重要学派，其社会伦理思想以兼爱为核心，以尚贤、尚同、节用、节葬作为治国方法。名家作为华夏文化中一种思想与逻辑表现的载体，主要是以逻辑原理来分析事物，以哲学论证来辨别社会问题。此外还有农家、阴阳家、兵家、医家等，它们一同构成了战国时期“百家争鸣”的繁荣景象，对后世影响很大。

墨家学派墨子与《墨子》

战国初期，在宋国国都商丘的一个没落的贵族家里，一个男孩出生了，父母给他取名叫墨翟。

墨翟少年时做过牧童，学过木工；作为贵族后裔，他自然也受到必不可少的文化教育。成人后，墨翟为了学习治国之道，恢复自己先祖曾经有过的荣光，便去拜访天下名师，开始了各地游学的生活。那时候，他主要学习的是儒家经典。

墨子画像

在学习过程中，墨翟渐渐发现，儒家所讲的思想内容都是一些华而不实的废话。因此，他决定以“兴天下之利，除万民之害”为己任，到处奔走，宣传行义。

战国时期的社会是“强之劫

弱、众之暴寡”，针对这一现实，墨翟认为这是因为天下人不相爱所致，因此他提出了“兼爱非攻”的主张。墨翟要求君臣、父子、兄弟都要在平等的基础上相互友爱，“爱人若爱其身”。

墨翟的这套理论得到了来自社会底层的大批手工业者和下层士人的拥护，他们开始追随墨翟，并尊称他为墨子。墨子和其弟子便把这些人组成了墨家游侠集团。

这个集团有严密组织和严格纪律，他们统一穿短衣草鞋，并参加劳动，以吃苦为高尚。如果谁违背了这些原则，轻则开除，重则处死。

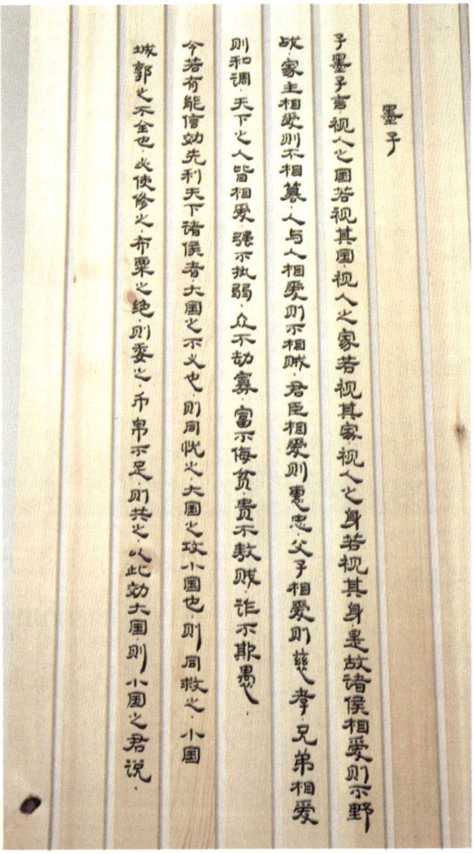

这个组织还规定墨家学派的领袖称为巨子，也作钜子，代代下传。所有这个组织的人都必须服从巨子的指挥，哪怕是“赴火蹈刃”也要在所不惜。

刚开始的时候，墨子在各地聚众讲学，常常以激烈的言辞抨击儒家和各诸侯国的暴政。经过几年的实践，墨子深感要想“兴天下之利，除万民之害”，靠一个人的力量远远不够，必须组织更多的人为义献身。

为了培养大批人才墨子在30岁之前，创办了历史上第一个设有文、理、军、工等科的综合性平民学校。

当时楚惠王为了把贤才墨子留在楚国，就打算以

竹简《墨子》

兼爱非攻 墨家学派的主要思想观点。兼爱便必须非攻，非攻即反对攻战；只有兼爱才能做到非攻，也只有非攻才能保证兼爱。兼爱是大到国家之间要兼相爱交相利，小到人与人之间也要兼相爱交相利。其他如节用、节葬、非乐等主张，也都是由此而派生出来的。

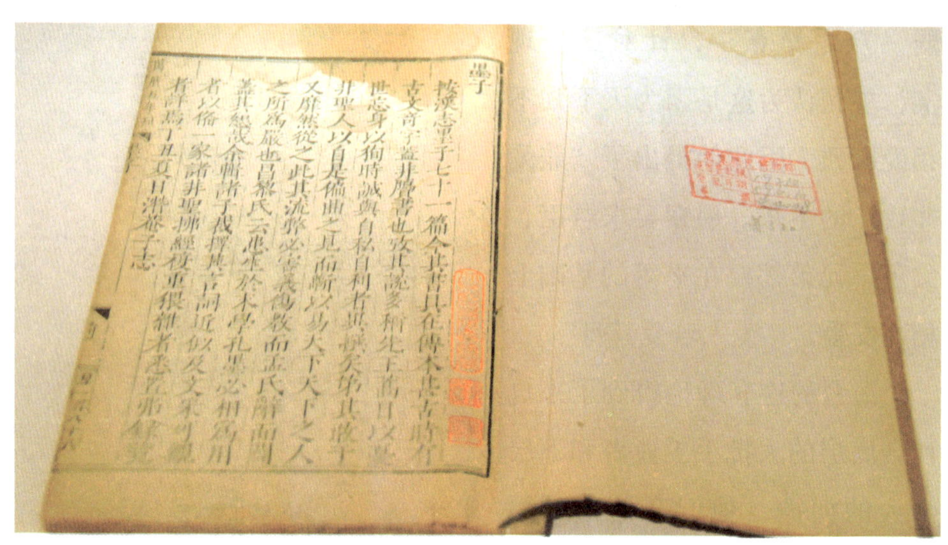

古籍《墨子》

书社封墨子，墨子没有接受。越王听说这件事后，也打算以吴的500里之地封给墨子，墨子也没有接受。

墨子认为做有利他人之事，并不意味着只利于他人而不利自己，实事上，在利他人的同时，也在利益自己。这个利益是相互的。因而决不可做牺牲他人的事情，因为牺牲他人利益的同时也其实上是在损害自己的利益。

墨子认为，如果所有的人都能做到相互爱护，同时又能做到相互给予利益，就可以改变丑恶的时弊。

在对待人才上，墨子提倡“尚同尚贤”。尚同是要求百姓与天子皆上同于天志，上下一心实行义政。尚贤则包括选举贤者为官吏，选举贤者为天子国君。

墨子着力强调君子修身的重要性。人在社会上要想成就一番事业，必须要从修身做起，必须要铸就高尚的品行，这才是一切事业的起点。

仁义之士所要做的事，必然是兴盛天下人利益，消除天下人的危害，以此作为自己的事业。也就是

书社 又称为“里社”。我国历史上的一种基层行政管理体制。书社，即将社员之名籍书于社簿，它实际上是历来实行的一种基层行政管理体制，其特点是里、社合一，聚族而居。据史籍记载，齐侯封管仲书社三百，越王欲以故吴之地、阴江之浦书社三百封墨子，等等，都是春秋战国时期民间基层之社的写照。

说，君子要兴盛天下人的公利，消除天下人的公害。

另外，针对儒家看重的久丧厚葬之俗，墨子提出了节用节葬，认为君主、王公贵族都应像古代大禹一样，过着清廉俭朴的生活。

墨子反对剥削，崇尚劳动；反对以强欺弱，主张兼爱、非攻；反对儒家礼乐，主张节葬、节用；反对世卿世禄，主张尚贤、尚同。于是，在墨子晚年，儒墨齐名。在他去世后，墨家弟子仍“充满天下”“不可胜数”。因此，战国时期虽有诸子百家，但“儒墨显学”则是百家之首。

墨子的弟子及再传弟子将墨子的言行记录成书，名为《墨子》。这是一部光彩夺目的巨著，是墨家学说的精华之作。

《墨子》原来有71篇，现存53篇，其中《经上》《经下》《经说上》《经说下》等4篇合存起来称《墨经》。这4篇再加上《大取》《小取》两篇，称为《墨辩》。也有人把这6篇放在一起总称为《墨经》。

《墨子》是一部内容丰富、结构严谨的科学著作。书中对很多问题阐述严密，说理透彻，立论准确，具有十分重要的科学价值。《墨子》内容广博，包括了政治、军事、哲学、伦理、逻辑、科技等方面，是研究墨子及其后学的重要史料。在古典哲学和自然科学著作中，是一部不可多得的珍品。

阅读链接

墨子精通手工技艺，可与当时的巧匠公输班相比，墨子擅长防守城池，据说他制作守城器械的本领比公输班还要高明。他自称是“鄙人”，被人称为“布衣之士”。

墨子一生的活动主要在两方面：一是广收弟子，积极宣传自己的学说；二是不遗余力地反对兼并战争。为宣传自己的主张，墨子广收门徒，一般的亲信弟子达到数百人之多，形成了声势浩大的墨家学派。墨子的行迹很广，东到宋、齐，北到郑、卫，南到楚、越。

名家代表惠子和公孙龙

那还是我国战国中期，宋国有一个叫惠施的人，他自幼年起，便刻苦攻读，到了青年时代，他所读过的书需要用5辆车子才拉得完。由于他学识渊博，人们都尊称他为惠子。

惠子画像

当时，魏国的国君魏惠王十分赞赏惠子的博学，有一年，魏国的宰相病故了，魏惠王便急召惠子接任。惠子接到诏令后，立即起身，日夜兼程直奔魏国都城大梁，准备接替宰相的职务。

在途中，一条大河挡住去路。惠子心里记挂着魏惠王和魏国的事情，心急火燎，结果一不小心跌落水中。由于惠子水性不好，眼看就要沉入水底时，幸好有个船家赶来将他从水中救起。

船家问道："既然你不会水，为什么不等船来再过河呢？"

惠子说："时间紧迫，我等不及啊。"

船家不解地问："什么事这么急，让你连安全也来不及考虑呀？"

惠子说："我要去做魏国的宰相。"

战国时期兵俑

船家听了觉得十分好笑，脸上露出鄙视的神情，对他说："像你这样连凫水都不会的人，还能去做宰相吗？真是太可笑了。"

惠子听了船家这番话，十分气恼，他很不客气地对船家说："要说划船、凫水，我当然比不上你；可是要论治理国家、安定社会，你同我比起来，大概只能算个连眼睛都没睁开的小狗。凫水能与治国相提并论吗？"

惠子的这番话，把船家说得目瞪口呆。

惠子到魏国后，便建议魏惠王联合齐国和楚国一起对抗强大的秦国。魏惠王听从惠子的建议。

后来，惠子离开了魏国来到楚国，在楚国，他受

大梁 战国时期魏国都城，当时我国最大都市之一。在今河南省开封市西北。公元前339年，魏都自安邑即今山西夏县北迁此。公元前225年，秦将王贲攻魏，决黄河及大沟水灌大梁，城毁魏降。隋唐以后，又通称今开封市为大梁，后改称汴梁。

到楚王热情接待。楚王本来打算重用惠子，但楚国大臣冯郝却对楚王说："挤走惠施的是魏国权臣张仪，大王与惠施结交，就必定会得罪张仪，我认为您这样做不可取。大家都知道宋王偃非常器重惠施，还不如把惠施送到宋国去。然后，您对张仪说：'我是因为您才没有接待惠施的。'张仪必然感激大王。而惠施是个被排挤、遭困窘的人，大王却帮助他到宋国去，惠施也必然感激大王。这样一来，您既不得罪他们两人，同时还可以让他们两人对您感恩戴德。"

楚王觉得此计甚妙，便连声说："好！好！"然后，按照冯郝的建议把惠子送到宋国去了。

公元前319年，魏惠王去世。由于当时东方诸侯极力将魏国重新拉入合纵的阵营，魏国便改用主张合纵的大臣公孙衍为相国，张仪失宠离去。于是，惠子重新回到魏国，并再次出任魏相，并为魏国制定法律。

惠子作为一个有能力的执政者，在魏国为相17年，在国内主张"去尊""偃兵"，帮助魏王实施"民人皆善之"的"立法"，在外交上组织“合纵”，在提升魏国力量的同时，又为魏王打开了六国称王的局面。

惠子和著名学者公孙龙一样，是名家的重要代表人物，名家也和墨家一样，曾努力钻研宇宙间万物构成的原因。当时有个奇人叫黄缭的，他曾询问天地不塌不陷落以及风雨雷霆发生的原因，惠子不假思索，立刻应对说：

至大无外，谓之大一；至小无内，谓之小一。

意思是说，物质大到极限，是因为它的外面没有其他的物质；物质小到极限，是因为它的的内部没有其他的物质。

惠子是“合同异”派的领军人物。合同异派着重指出差异中的同一，合异于同，所以被称为合同异

合同异 是先秦名家思想的两大流派之一，与之对立的思想是离坚白。是惠施学派的基本观点。一切被常人当作相异的事物，在他们看来,都是相同的。对古代逻辑思想的发展有一定贡献，但夸大了概念的同一性，忽视了个体的差别。

■战国时期战争

派。合同异是先秦名家思想的两大流派之一，与之对立的思想是公孙龙的“离坚白”。

作为合同异派的代表，惠子认为，一切事物无差别，而对立则是相对的。他强调从联系和发展中看世界，因而能看出一切现实差异的相对性，具有朴素的辩证法思想。

惠子的思想，冲击了孤立、静止地对待事物的形而上学观点，对人类认识的发展起了一定的积极作用。

惠子的学说得到了当时人们的推崇和重视。惠子去世时，著名学者庄子送葬，过惠子之墓，崇敬有加，慨叹道：

自夫子之死也，吾无以为质矣，吾无与言之矣！

意思是说，自从惠施先生死去之后，我没有施技之人了！我没有可以与之谈话的人了！

事实上，惠子的学说也因庄子而得以流传。从文献上看，真正算

战国时期的说客浮雕

战国战车

得上研究惠子思想的资料的，就是《庄子·天下》里的“历物十事”。

“历物十事”是惠子提出的10个命题，对象全部是物质世界，如：“天与地卑，山与泽平”“大同与小同异，此之谓小同异；万物毕同毕异，此之谓大同异”“我知天下之中央，燕之北，越之南是也”“泛爱万物，天下一体也”等。惠子对这些命题都没有任何的论证，只是对物质世界的本质和规律作出哲学的概括。

惠子的“历物十事”和公孙龙的诡辩是有所区别的。公孙龙是当时与惠子齐名的名家，是战国时期赵国人，曾经做过赵国宗室大臣赵胜的门客。他的主要著作为《公孙龙子》，又名《守白论》。

《公孙龙子》在西汉时共有14篇，唐代时分为3卷，北宋时遗失了8篇，只残留6篇，共1卷。其中最

离坚白 是战国时期名家的一派观点，与合同异相对，代表人物是公孙龙。公孙龙将感官与感官分离，是错误的论证方法。然而感官与感官表面上相等，但视觉与触觉却是相异，反而正中离坚白的陷阱，但却并不能反驳公孙龙的论证法。对古代逻辑思想的发展有一定贡献。

感官 是感受外界事物刺激的器官，包括眼、耳、鼻、舌、身等。在漫长的系统进化和个体发育过程中，人为了从外界获取信息，为了适应环境、求得生存，其感觉器官形成了特定的构造。这种特定的构造既确保了人的认识能力，同时在一定程度上又限制了人的认识能力。

重要的两篇是《白马论》和《坚白论》，提出了“白马非马”和“离坚白”等论点，是“离坚白”学派的主要代表。

《白马论》中的“白马非马”的诡辩之术让许多大儒无言以对。据说公孙龙带着一匹白马正要出城。守门的士兵说马匹一概不得出城。公孙龙心生一计，企图歪曲白马是马的事实，希望说服士兵。

公孙龙说：“白马并不是马。因为白马有两个特征，一是白色，二是具有马的外形，但马只有一个特征，就是具有马的外形。具有两个特征的白马怎会是只具有一个特征的马呢？所以白马根本就不是马。”

愚钝的士兵因无法应对，唯有放行。

公孙龙石刻像

“白马非马”的错误在于在概念中偷换强调的重点。正确的解释应该是，白马，也就是白色的马。

《坚白论》中的“离坚白”即将坚与白两者相分离。此论说一开始便设问，把“坚、白、石”三分可以吗？公孙龙认为分开不可以，那么二分可以吗？公孙龙认为可以。问为什么？公孙龙回答：石无坚即可得白，如此一来就是二分，石无白即可得坚，如此一来也是二分。

接着，公孙龙论证道：眼看不到石之坚，只能看到石之白，因此“无坚”；手摸不到石之白，只能触及石之坚，因此“无白”；看到白时、感觉不到坚，看不到白时、感觉得到坚，看与不看、结果相离。由此推论，“石”之中“坚、白”不可并存，故相互分离。

公孙龙像

这种论点具体分析了各种感官对于事物的感受方式的特殊性，认为人们感觉接触到的事物的各个属性，都只能是绝对分离的独立体。

公孙龙是著名的诡辩学代表著作，他提出了逻辑学中的“个别”和“一般”之间的相互关系，对后世影响很大。

惠子为战国时期“名辩”思潮中的思想巨子，与公孙龙共同将名辩学说推向顶峰，为我国古代的逻辑空间的发展和认识的提高，为哲学方面形而上学的判断，为刑法之术进行逻辑认识，提供了一种新的方式方法。从而为人民对事物的本质的认识做出了重要的贡献。

阅读链接

惠子的朋友田需一度受到魏王的器重和宠用，惠子于是告诫他说：“你一定要很好地对待魏王身边的人。比如一棵杨树，横着栽下能生存，倒着栽下能生存，折断栽下它也能生存。但是如果十个人栽它而一个人拔它，那它就难以生存了。十个人栽这一易生之物，却抵不过一个人的破坏，原因就在于栽起来困难，而拔除它很容易。你今天虽然能使自己受器重于君王，但如果想要除掉你的人多了，你必定就很危险。”

惠施把这一道理明白地告诉了田需，从而教给了他一种实用的保宠之方。

邹衍创立五德终始学说

那还是我国战国时期，齐国在齐威王和齐宣王治理时国力强大，齐宣王在位时已是雄心勃勃要做天子了。等到齐闵王即位后，凭借着以前赫赫霸业的余威，开始不断向外扩张，南边攻下楚国淮北之地，北边兼并宋国，威慑泗水流域12个诸侯国，西面攻伐三晋，对抗强秦，使五国服从，邹、鲁之君，泗上诸侯都对他称臣。

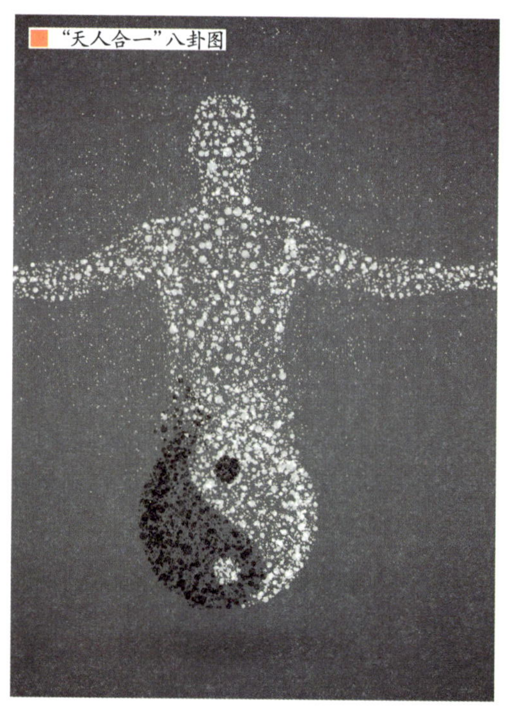
"天人合一"八卦图

当时，齐国为招揽人才而设立稷下学宫，其中有一个叫邹衍的学者，人称邹子，他的一套学说，正是为争得霸主设计的政治方案，因此他本人及

■雕刻天人合一

其学说都受到齐宣王和齐闵王的高度重视，他也被赐为上大夫。

邹衍是齐国人，与学者公孙龙是同时代人。无论是学儒术，还是攻阴阳，邹衍的目的都是为匡世济民而在寻求经世致用之学。

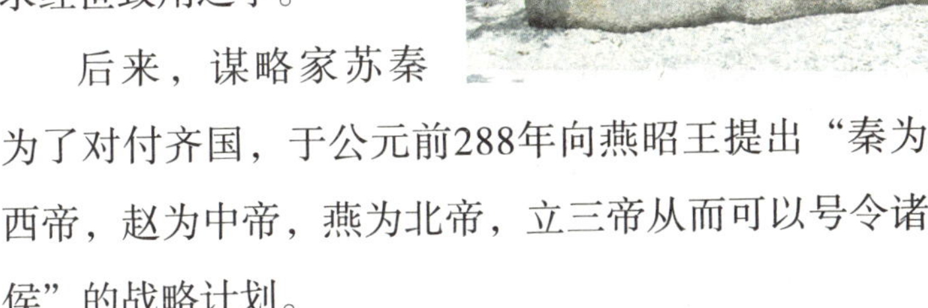

后来，谋略家苏秦为了对付齐国，于公元前288年向燕昭王提出“秦为西帝，赵为中帝，燕为北帝，立三帝从而可以号令诸侯”的战略计划。

当时燕昭王正打算积蓄力量以报齐之前的灭燕之仇，于是他同意了苏秦的计划，并重用苏秦，加紧伐齐的各种准备。但齐闵王在灭宋以后，被胜利冲昏了头脑，作起当天子的美梦来了，对燕昭王的复仇计划全然没有放在心上。

面对齐闵王麻痹大意，坐享其成，稷下先生们多次规谏，但齐闵王却自以为是，根本就不听。不仅如此，他还对稷下先生十分怠慢，物质待遇也大为下降，致使一些稷下先生穷困潦倒，纷纷逃散。

恰在此时，燕昭王招贤纳士，为学者郭隗修筑宫殿以师礼待之，以此作为尊贤榜样。一时间，各国人才争相趋燕。在这种背景下，邹衍离齐入燕。

邹衍到燕国，燕昭王亲自为他打扫台阶，擦净竹

上大夫 先秦官名，战国诸侯国中的爵位分为卿、大夫、士3级，大夫比卿低一等。战国时，官爵可分为卿和大夫两级：在卿当中有上卿、亚卿之分。在大夫之中，有长大夫、上大夫、中大夫等。秦汉时，大夫为皇帝近臣，中央要职有御史大夫。后世延置，但名称和职能多有不同。

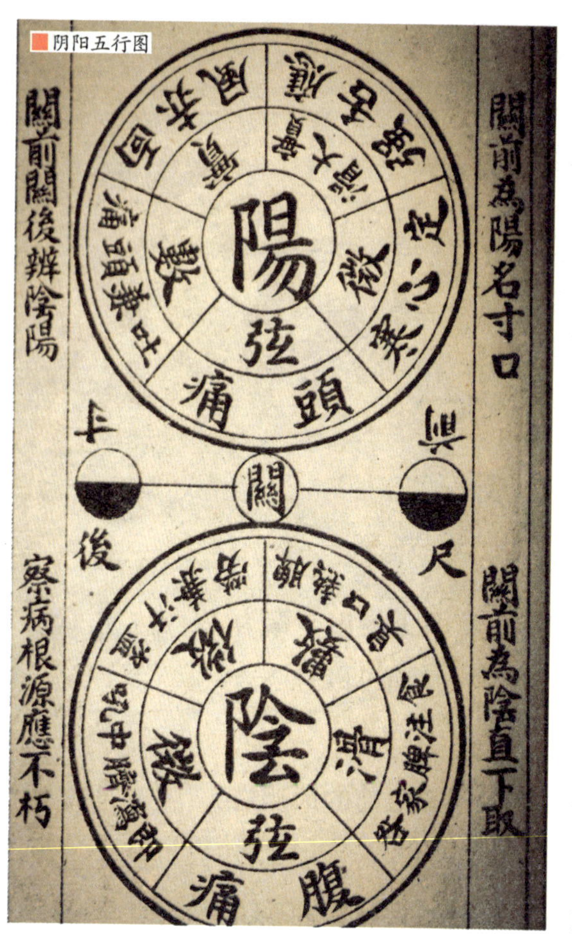

席，执弟子礼，在黄金台上拜他为师，并亲建馆驿请他居住，随时听取他的指教。

燕国在邹衍、乐毅等建设下，国力日强。公元前284年，燕昭王以乐毅为上将军，与秦、楚、韩、赵、魏联合伐齐。齐是邹衍的家乡，他虽然憎恨迫使他背井离乡的齐王，但他始终不渝地爱恋着生他养他的那块热土。他没有也不能参加这场战争。

燕昭王去世以后，由燕惠王继位，而他对先朝旧臣并不那么信任，邹衍在燕国境遇大坏。齐襄王继位后，稷下学宫又恢复了过去的繁荣局面。邹衍原本思乡情涌，闻此消息，归心似箭，他又回到自己的家乡。

历经坎坷的邹衍，逐渐形成了“天人合一”的思想、阴阳五行学说，以及大小九州说。其中的阴阳学说，是邹衍最重要的学说，也是他作为阴阳家创始人的标志。

据史书《汉书·艺文志》，邹衍著了《邹子》49篇和《邹子终始》56篇。《史记·孟子荀卿列传》说邹衍著作“《终始》《大圣》之篇10余万言”，并说“邹衍之术，迂大而宏辨”，将他列为稷下诸子之首。

邹衍在阴阳五行方面提出的“五德终始”学说，在当时惊世骇俗。邹衍认为，世界万物的转移就是仿照自然界的五行相克即土克水、木克土、金克木、火克金、水克火的规律进行的。

“五德终始”是具有朴素唯物主义和辩证法的思想因素。它是邹衍试图对自然界和人类社会作为一个统一体而作出解释，是阴阳家沟通人类与自然界而虚构出来的一座桥梁，是对春秋战国时期的天、地、人“三才”说的运用和发展。邹衍把历史看成常变的，认为没有万世长存的王朝，这是合理的。

邹衍的“五德终始”学说，不仅在当时受到重视，而且对后世的学术和政治也产生了重大影响。“五德终始“作为一种改朝换代的理论工具，受到历代新王朝建立者的信奉。

秦始皇统一六国后，根据邹衍“水德代周而行”的论断，以秦文公出猎获黑龙作为水德兴起的符瑞，进行了一系列符合水德要求的改革，以证明其政权的合法性，遂成为“五德终始”说的第一个实践者。

阅读链接

邹衍在燕国时，常到各地去考察。据说有一年春天，他来到渔阳郡，见此地寒气太盛，草木不长，百姓生活很苦，就上了郡城南边不远的一座小山上，吹起了律管，演奏春之曲，一连吹了三天三夜。吹律之后，暖风飘来，冰消雪化，跟着整个渔阳大地变暖，农民赶紧耕地下种。这年庄稼长得特别好，五谷丰收。从此，渔阳老百姓日子渐渐好起来。

邹衍离开渔阳以后，百姓怀念他，便把他吹律的小山定名为黍谷山，山上建了邹夫子祠，又立了碑，碑上写“邹衍吹律旧地”。

纵横家鬼谷子与苏秦张仪

那是春秋时期，在周的阳城地界，有一个山谷，山深树密，幽不可测，不是人所能居住的地方，所以叫“鬼谷”。

在这谷中居有一位隐者，自号“鬼谷子”，相

■ 鬼谷子 姓王名诩，又名王禅，号玄微子，春秋战国时期卫国朝歌人。常入云梦山采药修道。因隐居周阳城清溪之鬼谷，故自称鬼谷先生。“王禅老祖”是后人对鬼谷子的称呼，是先秦诸子之一。鬼谷子为纵横家之鼻祖，他通天彻地，兼顾数家学问，人不能及。是著名的思想家、道家、谋略家、兵家、教育家，是中国历史上一位极具神秘色彩的人物，被誉为千古奇人，长于持身养性，精于心理揣摩，深明刚柔之势，通晓纵横捭阖之术，独具通天之智。

传他是晋平公时人，姓王名诩。传说他是道教的洞府真仙，位居第四座左第13位，被尊为玄微真人，又号玄微子。

鬼谷子塑像

鬼谷子在云梦山与宋人墨子一起采药修道。墨子不娶妻不养子，云游天下，济人利物，救危扶穷。鬼谷子则通天彻地，其学问之渊博，无人能及。

相传鬼谷子的师父升仙而去时，曾留下一卷竹简，简上书“天书”二字，他打开看时，从头至尾竟无一字，鬼谷子心中纳闷，无心茶饭，钻进自己的洞室，开始研究竹简。

鬼谷子点着松明火把，他借着灯光一看，吓得他跳了起来，竹简上竟闪出道道金光，一行行蝌蚪文闪闪发光，不仅叹道：“莫非这就是世传‘金书’。”

鬼谷子一时兴致倍增，他一口气读下来，从头至尾背之成诵。原来上面记录着一部纵横家书，尽讲些捭阖、反应、内楗、抵巇、飞钳之术，共13篇。

鬼谷子读完这13篇，不禁拍案叫绝，他想起平素与师父辩论时，师父从来不主动发话，原来师父有如此金书啊！

鬼谷子不禁想起与师父一起生活研习的时光，一股股暖流，一阵阵的心酸，不时又加几分孤寂。于

竹简 我国战国至魏晋时代的书写材料。是削制成的狭长竹片，也有木片，竹片称简，木片称札或牍，统称为简，现在一般说竹简，均用毛笔墨书。在湖南长沙、湖北荆州、山东临沂和西北地区如敦煌、居延、武威等地都有过重要发现，其中居延出土过编缀成册的东汉文书。

鬼谷子讲学

是，他熄了灯，钻进被窝睡觉了。在梦中，他梦见了自己手持金书和指南针游说天下的情形。

鬼谷子第二天醒来，觉得十分困顿，但他还是放心不下金书，又打开金书想细细推敲，不料书中却一字皆无。鬼谷子从头翻至书尾还是一字不见，他更觉此书乃师父至宝，要十分珍重，便走进内洞将其藏在卧榻之上。然后，他走出洞门按照师父所嘱进行练功和作法。

不觉又是日落偏西，黑夜又至，鬼谷子走入内洞上榻休息，只见金书闪着金光，字迹依稀可见。原来，月光从天窗射进来照在金书上，鬼谷子才发现这金书原属阴性，见日则不显，在月光、灯光下才显其缕缕金文，真仍旷世奇书啊！

鬼谷子发现金书奥秘后，每夜读一遍，则每夜可

指南针 是我国一种判别方位的简单仪器，又称指北针。其前身是我国古代“四大发明”之一的司南。主要组成部分是一根装在轴上可以自由转动的磁针，磁针在地磁场作用下能保持在磁子午线的切线方向上，磁针的北极指向地理的北极，利用这一性能可以辨别方向。常用于航海、大地测量、旅行及军事等方面。

得一书，第三夜他得的是致富奇书，里面讲的是一些养殖方法、贸易原则及取利方法等。

鬼谷子每夜必读一遍，每次一部新书，天上人间、治国安邦、仕途经济、天文地理、星命术数、丹药养生，无所不有，取之不尽，用之不竭。鬼谷子视为珍宝，爱不释手。

后来，鬼谷子成了一个很有韬略的政治家和擅长词锋的外交家，更是成为了著名的阴阳家、预言家。他长于持身养性，精于心理揣摩，深明刚柔之势，通晓纵横捭阖之术，独具通天之智，所以世人都称他是一位奇才和全才，他被后人誉为“千古奇人”。

张仪塑像

鬼谷子想，不能让师父留下来的金书失传。于是，他便根据金书的内容，再根据自己的参悟体会，写出了《鬼谷子》及《本经阴符七术》两书。

鬼谷子还认为，应该把这些学问不断发扬光大。于是，他开始招收门徒，开坛授课。在他几位杰出的弟子中，最著名的两位要属叱咤于战国政坛风云的纵横家张仪和苏秦。

张仪是魏国大梁人，是魏国贵族后裔，曾随鬼谷子学习纵横之术。当时，列国林立，诸侯争霸，割据战争频繁。各诸侯国在外交和军事上，纷纷采取“合纵连横”的策略。

三晋 我国战国时的赵、魏、韩三国的合称。赵、韩、魏三氏原为晋国六卿，公元前403年，周天子承认三家为诸侯，史称“三家分晋”，因此，在《战国策》《史记》《资治通鉴》等书中，将赵、魏、韩三国合称为三晋，其地约当今之山西省、河南省中部北部、河北省南部中部。

秦惠王执政时，张仪由赵国西入秦国，凭借出众的才智被秦惠王任为客卿，筹划谋略攻伐之事。后来，秦国仿效三晋的官僚机构开始设置相位，称相邦或相国，张仪出任此职。

张仪拜相后积极为秦国谋划，他采用连横术迫使韩、魏太子来秦朝拜，并与公子华攻取魏国蒲阳。又游说魏惠王，不用一兵一卒，使得魏国把上郡15县，包括少梁一起献给秦国。张仪又率军攻取魏国的陕县，将黄河天险据为秦所有。秦国国势日益强盛。

为了对抗魏国的合纵政策，进而达到兼并魏国的目的，张仪运用连横策略，与齐、楚大臣会于啮桑，以消除秦国东进的忧虑。后来，秦惠王又遣张仪率兵伐蜀，取得胜利，旋即又灭巴、苴两国。这样秦国占据了富饶的天府之国，有了巩固的大后方，为秦国的经济发展和军事战争，提供了有利条件。

张仪运用雄辩的口才，诡谲的谋略，纵横捭阖，游说诸侯，建立了诸多功绩，在秦国的政治、外交和军事上成为举足轻重的人物。

鬼谷子的另一位杰出弟子苏秦，是战国时期的韩国人。他出身农家，素有大志，随鬼谷子学习纵横捭阖之术多年，

鬼谷子石牌坊

鬼谷子参易图

成为与张仪齐名的纵横家。

苏秦从鬼谷子学成之后，出游数载，一无所成，搞得“妻不下织，嫂不为炊，父母不与言”。苏秦感叹说：“妻不以我为夫，嫂不以我为叔，父母不以我为子，是皆秦之罪也！”

苏秦苦读姜子牙的《太公阴符》之时，每逢困乏欲睡，他就用锥子扎自己的大腿，虽然很疼，但精神却来了，他就接着读下去。就这样用了一年多的功夫，苏秦的知识比以前丰富多了。

苏秦在有所收获后，于是重新出游。这时正好燕昭王在广招天下贤士，苏秦便来到燕国，深受燕昭王信任。

当时燕国一心想报强齐之仇。苏秦认为，燕国欲报强齐之仇，必须先向齐表示屈服顺从，将复仇的愿

《太公阴符》属道家一派之书，又叫《太公阴符经》，传说为西周时期姜太公留下的，据说苏秦为读这本书而用铁锥刺股。另据传说，姜太公有一次遇到紧急军情，遂将自己的钓鱼竿折成数节，交信使送与周文王，请求发兵。事后，姜太公将鱼竿传信的办法加以改进，便发明了“阴符”。

苏秦塑像

望掩饰起来，赢得振兴燕国所需的时间。

公元前285年，苏秦到齐国，离间齐赵关系，取得齐闵王的信任，被任为齐相，暗地却仍在为燕国谋划。齐闵王不明真相，依然任命苏秦率兵抗御燕军。

之后，苏秦又说服赵国联合韩、魏、齐、楚、燕攻打秦，赵国国君很高兴，赏给苏秦很多宝物。苏秦得到赵国的帮助，又到韩国游说韩宣王，到魏国游说魏襄王，至齐国游说齐宣王，往楚国游说楚威王。

诸侯都赞同苏秦的计划，于是六国达成联合的盟约，苏秦为纵约长，并佩有六国相印，在当时声望如日中天。

阅读链接

战国时期，苏秦和张仪是好朋友，也都是鬼谷子的门下。苏秦出道较早，成功也来得顺利，而张仪初出道时较为普通，郁郁不得志，不知前途如何，他看到苏秦已成大事，便想投身门下，找到一条晋升的捷径。结果苏秦不但没有热情地款待昔日的同门，还用话语去羞辱他。于是，张仪愤怒地离开了苏秦的住处。张仪走后，苏秦又暗中派人沿途用金钱接济他。

苏秦的门人们很奇怪，苏秦说："张仪的才干在我之上，我怕他为了贪图一时的眼前小利，过分安于现状而丧失了斗志。所以，我侮辱了他一番，以便激起他的上进心。"

著名杂家吕不韦与刘安

那是在战国末期，有个叫吕不韦的大商人，是卫国濮阳人。他常年往来各地，以低价买进，高价卖出，积累了千金的家产。

后来，吕不韦被秦庄襄王任命为丞相，封为文信侯，将河南洛阳10万户作为他的食邑。秦庄襄王去世去，太子赵政继立为王，尊奉吕

吕不韦塑像

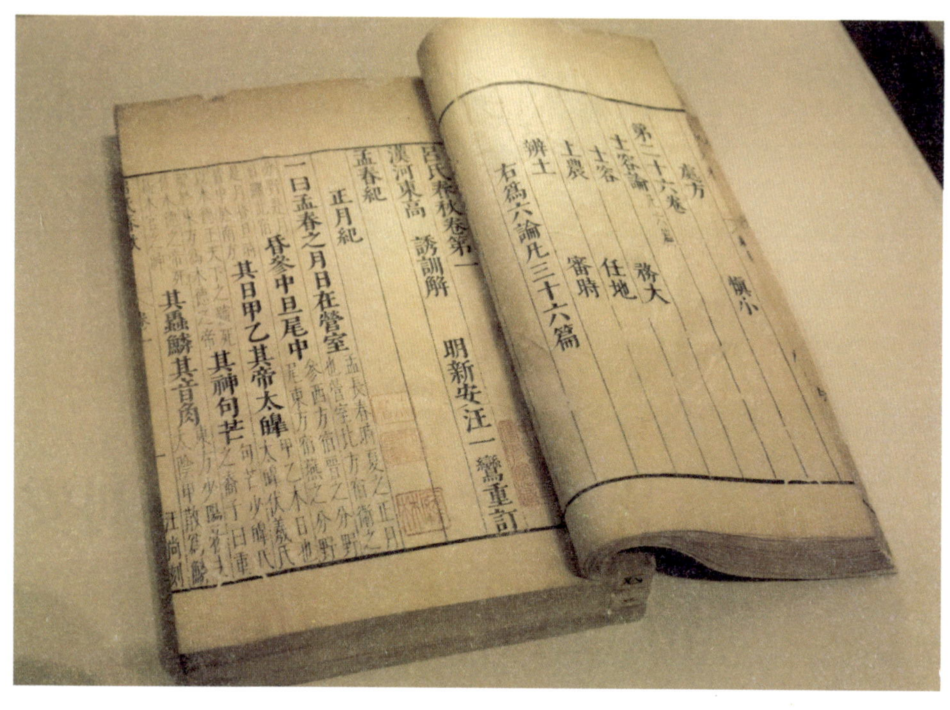

古籍《吕氏春秋》

不韦为相邦，称他为“仲父”。

当时的社会风气是，名士所养门客人数越多，越能表示名士的声誉高。吕不韦认为，自己身为强秦相国，也应该招贤纳士。于是，他对前来跟随的门客礼遇有加，给予厚待，最后竟聚集了3000门客。

当时各国名士常以所养宾客能著书立说为荣，吕不韦不甘人后，令命门凡能撰文者，每人把自己所闻所见和感想都写出来。等到文章交上来后，五花八门，写什么的都有，古往今来、上下四方、天地万物、兴废治乱、士农工商、三教九流，全都有所论及，许多文章还有重复。吕不韦又挑选几位文章高手对这些文章进行筛选、归类、删定，综合在一起，于秦始皇统一前夕成书。吕不韦自己认为其中包括了天地万物古往今来的事理，所以号称《吕氏春秋》。

食邑　我国古代诸侯封赐所属卿、大夫作为世禄的田邑。又称采邑、采地、封地。因我国之卿、大夫世代以采邑为食禄，故称为食邑。盛行于周。分封以宗法制度为依据，大小按封爵等级而定。卿、大夫在食邑内享有统治权利并对诸侯承担义务。食邑原为世袭。

《吕氏春秋》也称《吕览》，是一部杂家名著。全书共分12卷，160篇，20余万字。它注重博采众家学说，以儒家、道家思想为主，并融合进墨家、法家、兵家、农家、纵横家、阴阳家等各家思想。

《吕氏春秋》保存着先秦各家各派的不同学说，还记载了不少古史旧闻、古人遗语、古籍佚文及一些古代科学知识，其中不少内容是其他书中所没有的。

在先秦诸子著作中，《吕氏春秋》被列为杂家，其实，这个“杂”不是杂乱无章，而是兼收并蓄，博采众家之长，用自己的主导思想将其贯穿，有机结合起来。

淮南王 我国古代王爵封号名，以此命名的人物有：汉代的英布、刘安、刘长、刘喜；魏晋南北朝时期的曹邕、司马允、刘冲、石昭、符生、刘讳、刘子孟、直勒它、高仁光、陈叔彪、托跋他、托跋世遵、托跋宣洪；隋唐时期的李锷、李茂等。淮南位于安徽中北部，淮河之滨。

这部书以黄老思想为中心，“兼儒墨，合名法”，提倡在君主集权下实行无为而治，顺其自然，无为而无不为。用这一思想治理国家对于缓和社会矛盾，使百姓获得休养生息，恢复经济发展非常有利。

一字千金雕塑

吕不韦编著《吕氏春秋》既是他的治国纲领，又给即将亲政的秦王嬴政提供了执政的借鉴。《吕氏春秋》成为了解战国诸子思想的重要资料。

在我国古代杂家及其著作中，西汉淮南王刘安和他主持门客所著的《淮南子》，也在历史上占有重要地位。

刘安是汉高祖刘邦嫡孙，他才思敏捷，好读书，善文辞，乐于鼓琴。他被封为淮南王后，潜心治国安邦，刘安的治国思想是“无为而治”，对道家思想加以改进，不循先法，不守旧章，遵循自然规律制定了一系列轻刑薄赋、鼓励生产的政策，善用人才，体恤百姓，使淮南出现了国泰民安的景象。

除潜心治国外，喜欢读书的刘安还爱贤若渴，礼贤下士，并“招至宾客方术之士数千人”著书立说，当时淮南国都寿春很快便成了文人荟萃的文化中心。在刘安的主持下，众门客遂著成《淮南子》。

据说，刘安为人好道，欲求长生不老之术，因此不惜重金，广泛招请江湖方术之士炼丹修身。一天有8个白发苍苍的老者登门求见，门吏见是8个老者，认为他们不会什么长生不老之术，不予通报。八公见此哈哈大笑，遂变化成8个梳着角髻式发髻、面如桃花的少年。门吏大惊，急忙禀告淮南王。刘安一听，顾不上穿鞋，赤脚相迎。八公又变回老者。

恭请八公入内上坐后，刘安拜问他们姓名。原来是文五常、武七

刘安与八公壁画

德、枝百英、寿千龄、叶万椿、鸣九皋、修三田、岑一峰。八公一一介绍了自己的本领：画地为河、撮土成山、摆布蛟龙、驱使鬼神、来去无踪、千变万化、呼风唤雨、点石成金等。刘安看罢大喜，立刻拜八公为师，一同在都城北门外的山中苦心修炼长生不老仙丹。

刘安画像

当时淮南一带盛产优质大豆，这里的山民自古就有用山上珍珠泉水磨出的豆浆作为饮料的习惯，刘安入乡随俗，每天早晨也总爱喝上一碗。

一天刘安端着一碗豆浆，在炉旁看炼丹出神，竟忘了手中端着的豆浆碗，手一撒，豆浆泼到了炉旁供炼丹的一小块石膏上。不多时，那块石膏不见了，液体的豆浆却变成了一摊白生生、嫩嘟嘟的东西。

八公中的修三田大胆地尝了尝，觉得很是美味可口。于是，刘安就让人把没喝完的豆浆全部端来，把石膏碾碎搅拌到豆浆里，不一会儿，又结出了一锅白生生、嫩嘟嘟的东西。刘安连呼“离奇、离奇”，人们便把这白生生、嫩嘟嘟的东西称为“离奇”或“黎祁”，即后来的八公山豆腐。

后来，仙丹炼成，刘安依八公所言，登山大祭，埋金地中，白日升天，有的鸡犬舔食了炼丹炉中剩余的丹药，也都跟着升天而去，这就是“一人得道，鸡犬升天”神话的由来。

《淮南子》又名《淮南鸿烈》《刘安子》，是杂家著作。有《内

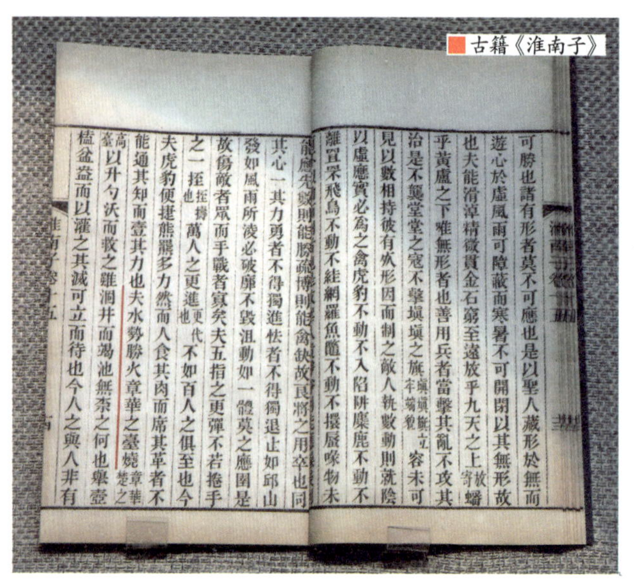

可勝也諸有形者莫不可應也是以聖人藏形於無而遊心於虛風雨可障蔽而寒暑不可開閉以其無形故也夫能滑淖精微貫金石窮至遠放乎九天之上蟠乎黃盧之下唯無形者也善用兵者當擊其亂不攻其治是不襲堂堂之寇不擊填填之旗容未可見以數相持彼有敗形因而制之敵人執數動則就陰以虛應實必爲之禽虎豹不動不入陷阱麋鹿不動不離罝罘飛鳥不動不絓網羅魚鼈不動不擐脣喙物未

能應先動則能勝疏博則能禽缺故良將之用卒也同其心一其力勇者不得獨進怯者不得獨退止如邱山發如風雨所淩必破靡不毀沮動如一體莫之應圉是故傷敵者衆而手戰者寡矣夫五指之更彈不若捲手之一挃（挃擣也）萬人之更進（更代也）不如百人之俱至也今夫虎豹便捷熊羆多力然而人食其肉而席其革者不能通其知而壹其力也夫水勢勝火章華之臺燒（章華楚之高臺）以升勺沃而救之雖涸井而竭池無柰之何也舉壺榼盆盎而以灌之其滅可立而待也今人之與人非有

古籍《淮南子》

篇》21篇、《外篇》33篇，20余万字。内篇论道，外篇杂说。此外还有诗歌和赋等，包括《淮南王赋》82篇、《群臣赋》44篇、《淮南歌诗》4篇，以及《淮南杂星子》19卷、《淮南万毕术》。

《淮南子》全书内容庞杂，涉及政治学、哲学、伦理学、史学、文学、经济学、物理、化学、天文、地理、农业水利、医学养生等领域，包罗万象。

《淮南子》在继承先秦道家思想的基础上，糅合儒、法、阴阳五行等多家思想，同时还包含和保留了许多自然科学史的材料，对后世研究秦汉时期文化起到了不可替代的作用。

阅读链接

吕不韦对《吕氏春秋》十分看重，他自己认为这部号称《吕氏春秋》的书是杰作，夸口说该书是包揽了“天地、万物、古今”的奇书。为了精益求精，同时也是为扩大影响，吕不韦还想出了一个绝妙的宣传该书的办法，他请人把全书誊抄整齐，悬挂在咸阳的城门，声称如果有谁能改动一字，即赏给千金。

消息传开后，人们蜂拥前去，包括诸侯各国的游士宾客在内，却没有一个人能对书上文字加以改动。如此一来，《吕氏春秋》和吕不韦的大名远播东方诸国。

农家思想代表许行与农家

那是战国时期，有个研究神农学说的人叫许行，楚国人，生于楚宣王至楚怀王时期，是当时著名的农学家和思想家，被尊称为许子。

许子依托远古神农氏“教民农耕”之言，主张天下人都参加生产劳动，终年带领门徒数十人，穿粗麻短衣，在江汉间打草织席为生。

许行讲学塑像

农田耕种场景

一天，许子听说滕国的国君滕文公实行仁政，就带着门人从楚国到滕国，走到滕文公门前禀告：不求高官厚禄，仅希望得到一片土地，一间房屋，定居下来，从事耕种。于是，滕文公就给了他住所。

儒家学派著名学者陈良的门徒陈相，和他的弟弟陈辛，也背着耒耜从宋国到滕国，对滕文公说："听说您实行先代圣君所倡导和实行的治天下之道，这也算是圣人了，我们愿意做圣人的臣民。"

陈相见了许子后，非常认同许子的思想，就把原来从陈良那儿所学的儒家那一套思想全抛弃了，转而接受了许子的农家思想。

一天，陈相见到儒家"亚圣"孟子，转述许子的话说："滕国国君确实是个贤明的君主，但他没有和人民一起耕作养活自己，一面自己做饭吃，一面治理天下。滕国有仓廪府库，这是滕国国君坑害百姓来养活自己，哪能称得上贤明呢？"

孟子问陈相，许子吃粮食是不是一定要自己种，陈相说是。孟子又问许子的农具及生活用品是如何解决的，陈相说都是许子用生产的粮食换来的。孟子又问为什么，陈相说许子怕自己生产这些耽误耕种。

听到这里，孟子说："用粮食换农具、炊具，陶

滕国 我国古时国名，指我国历史上春秋战国时期的一个诸侯国，国君为姬姓。公元前1046年立国，公元前414年被越王朱勾所灭，不久复国。后又被宋灭掉，共传23世。始封祖是周文王之子错叔绣。

匠、铁匠也拿他们的农具、炊具换粮食，这种做法难道就是坑害农夫了吗？一个人自身的生活，各种工匠制造的东西，样样都得具备，如果各种东西一定要自己制造出来才使用它们，就等于疲于奔命。有的人使用脑力，有的人使用体力。劳心的管理人，劳力的人被人管理；被管理的人得养活别人，管理别人的人也要由人来养活，这是天下普遍的原则。”

德政 指有益于人民的政治措施和政绩。黄帝被孔子认为是德政的典型，孔子的为政以德思想强调，君主以礼乐作为行为依据，对全社会开展伦理修养教育具有重要意义。在孔子看来，“德”是社会共同遵守伦理规范，而君主守德更有意义。

这是我国历史上一场有名的“农”“儒”论战。孟子说明社会分工的必要是对的，但他把劳心与劳力看成是合理的社会分工，这就为历代的当权者永远管理劳动者提供了理论根据。

其实，许子倡导神农之说，并非偶然。农家学派产生在楚国，当然也是有其历史渊源和深刻的社会背景的。

首先，当时在江汉流域，神农之说早已流传。由于炎帝、黄帝的思想在历史进程中相互融合，“君民并耕”“市贾不二”，已成为传统德政和理想社会

农业耕种雕塑

古代农耕场景

的准则而被广泛地传播和美化。其次，楚国先祖“筚路蓝缕，以启山林”的奋斗历程，给了许子以深刻的印象。

在这样的背景之下，许子承继神农氏学说与传统社会理想，就是很自然的事了。所以他说：

贤者与民并耕而食，饔飧而治。

意思是说，贤德的国君应该要和百姓一同耕种获得自己的粮食，自己做早晚餐并处理国事。

许子认为，如果世界上所有的圣人君主都能与百姓一起亲自劳动，就可不用刑罚政令而成治世。由此可见，许子的农家思想的核心是反对不劳而食。他否定君主拥有仓廪、府库的物权，对滕文公占有仓廪府库来坑害百姓的做法持批评态度。

许子认为，农业是保障百姓生存的基本手段。国家以百姓为根，百姓以谷为命。如果百姓无谷，国家就会失去根基，因此，必须将发展农业生产摆在重要的位置。而珠、玉、金、银之类既不能当饭吃，也不能当衣穿，对于处于饥寒之中的百姓来说毫无价值。

事实上，许子和门徒在以农事为主业的同时，也从事手工业生产，并且认识到市场货物交换的重要作用，因为假如一切自制，将“害于耕”。

许子在价格问题上也有较深刻的见解。他主张依据产品的长短、轻重、多寡、大小等数量、质量规定相应的价格，使市场无欺，因而反对商人抬高物价和交换中的欺诈行为。

许子主张重农抑商，并不是否定工商活动存在的价值，而是要求从国家意志的高度来缩小和控制工商活动的范围，使其不会成为农事活动的障碍。

许子事迹在先秦史籍中未见记载，其主要言行在《孟子·滕文公》等著作有一些记述。史学家认为，《汉书·艺文志》载录《神农》20篇是许子的著述，但已佚。

许子的思想，反映了战国时期贫苦农民的利益和要求，是小农经济平均主义的反映，集中显示了劳动农民自食其力的淳朴本色，表达了解除现实压迫的强烈愿望，充满对想象中平均社会的美好憧憬。

在先秦时期众多学术思想和流派中，农家以其独到思想见解和实践活动，自成一家，流泽久远。许子以独到的农家思想见解和实践活动，对我国千百年来的农业社会和农业思想模式产生了巨大的影响。

阅读链接

许行有弟子几十人，他们生活极为简朴，穿着普通的粗布衣服，靠打草鞋、编席子为生。他们从楚国来到滕国，不是追求高官厚禄，而是希望得到一块土地、一间房子，以便定居下来从事耕种。许行的主张在当时社会上有一定的影响，以至使儒家的门徒陈相及其弟陈辛也抛弃儒家而拜许子为师。

许行代表着当时一股相当大的社会势力，因此引起大儒孟子的极大关注，这从孟子在“农”“儒”论战中对许行的攻击就可以看出。

兵家孙武与《孙子兵法》

那是在我国春秋时期，约公元前545年，齐国一个祖辈精通军事的世袭贵族家庭里添了一个男孩。男孩祖父孙书和父亲孙凭同在朝中为官，听说家中喜添男丁，就在孩子出生的当天晚上，高兴地一齐赶回家中。

孙武彩像

全家上下都沉浸在无比喜悦的氛围之中。孙书望着襁褓中的孙儿，真希望他快快长大，继承和发扬将门武业，报效国家。

孙书决定给孙儿取名为“武”，孙凭完全赞同。武的字形由“止”“戈”两字组成，能止戈才是武。古兵书上说“武有七

运用《孙子兵法》的赤壁之战

德”，即武力可以用来禁止强暴，消灭战争，保持强大，巩固功业，安定百姓，协和大众和丰富财物。孙书还给孙儿取了个字，叫“长卿”。

“卿”在当时为朝中的大官，与大夫同列。孙书为齐大夫，孙凭为齐卿。他们希望孙儿将来也能像他们一样，在朝中为官，成为国家栋梁。

事情果真像他们所希望的那样，孙武的长大，逐渐显现出对军事的爱好和特有的天赋。也许是自幼受到将门家庭的熏陶，孙武自幼聪慧睿智，机敏过人，勤奋好学，善于思考，富有创见，而且特别尚武。每当祖父、父亲自朝中回到家里，孙武总缠着他们，让他们给他讲故事。

孙武特别喜欢听打仗的故事而且百听不厌。时间一长，在一旁侍候孙武的奴仆、家丁也都学会了。于

卿 古代高级官名，有“三公九卿”之称。卿也称“上大夫”，汉时以太常、光禄勋、卫尉、太仆、廷尉、大鸿胪、宗正、大司农、少府为九卿，都是当时的高官，他们分掌具体的行政事务，如祭祀、礼仪、军事、行政、司法、文化教育等，属于我国古代传统官职的重要部分。

■竹简《孙子兵法》

是当祖父和父亲不在家时，孙武就缠着他们给他讲。

除了听故事，孙武还有一个最大的爱好就是看书，尤其是兵书。孙家是一个祖祖辈辈都精通军事的贵族世家，家中收藏的兵书非常多。孙武喜欢爬上阁楼，把写满字的竹简拿下来翻看，有不明白的问题就请教家聘的老师，甚至直接找祖父、父亲问个明白。

有一次，孙武读到“国之大事，在祀与戎”，他就跑去问老师：“先生，祀是什么？戎是什么？”

老师想今天孙武问的问题倒是简单，于是随口说：“祀是祭祀，戎是兵戎。”

孙武接着问：“祭祀是一种精神上的寄托，怎么能和兵戎相提并论为国家的大事呢？”

老师顿觉奇异，一时答不出来。

孙武接着说：“只有兵，才是国家的大事，是君臣不可不察的大事。”

孙武在私塾读书时，在所有的课程中，孙武

祭祀 我国传统礼典的一部分，更是儒教礼仪中最重要的部分。其对象主要分为3类：天神、地祇、人鬼。天神称“祀”，地祇称“祭”，宗庙称“享”。祭祀的法则详细记载于儒教圣经《周礼》《礼记》中，并有《礼记·正义》《大学衍义补》等经书进行解释。

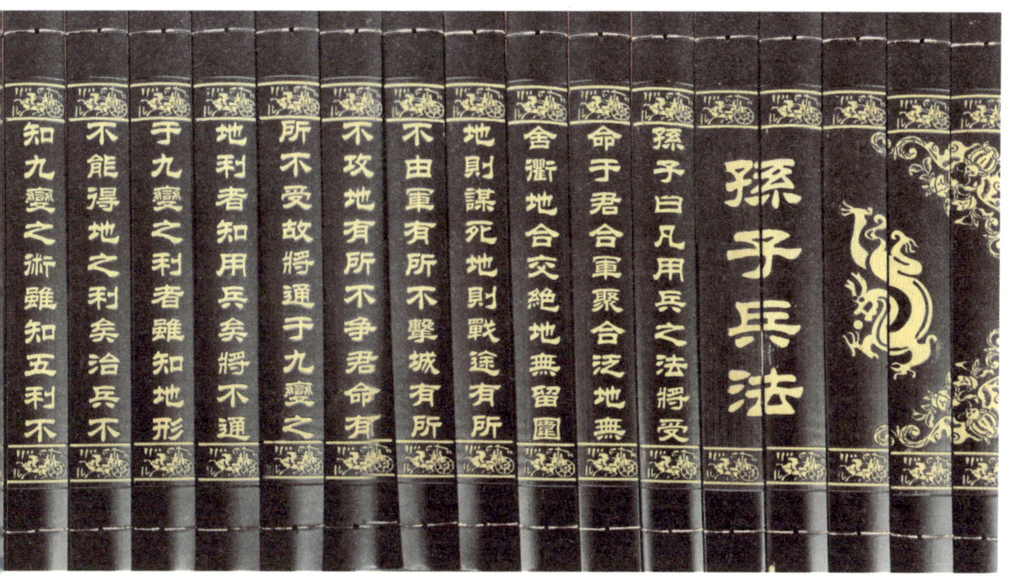

最感兴趣的是“六艺”中的“射”和“御”。在“射”“御”的第一节课上，老师先给学生讲解了“射”“御”的基本内容及学习“射”“御”的意义。“射”和“御”既是战场拼杀的基本技能，也是齐国社会竞技活动的主要项目。

孙武18岁那年，他生活的齐国内部矛盾重重，危机四伏，权力阶层发生争斗，愈演愈烈。孙武对这种内部斗争极其反感，不愿纠缠其中，萌发了远奔他乡、另谋出路去施展自己才能的念头。

当时南方有个吴国，吴国自寿梦称王以来，国势强盛，积极准备伐楚，扩大势力，很有新兴气象。孙武认定吴国是他理想的施展才能和实现抱负的地方。

孙武到了吴国后，被吴国大夫伍子胥引荐给吴王阖闾，孙武带着刚写就的13篇兵法进见吴王。吴王将这13篇兵法一一看罢后，啧啧称好，拜孙武为元帅兼军师，执掌吴国军事。

伍子胥（前559年—前484年），春秋末期吴国大夫、军事家，名员，字子胥，本楚国椒邑人。伍子胥从楚国逃到吴国，成为吴王阖闾重臣。吴国倚重伍子胥等人之谋，西破强楚、北败徐、鲁、齐，成为诸侯一霸。

柏举之战 公元前506年发生的吴国和楚国的一场战役。当时吴王阖闾率领的3万吴国军队深入楚地，在柏举即今湖北省麻城境内与楚军20万主力会战。吴军因敌用兵，寻机决战，最后取胜。此战是春秋末期一次规模宏大、影响深远的大战。它是我国古代军事史上以少胜多、快速取胜的成功战例。战后吴国声威大振，为争霸中原奠定了坚实的基础。

在伍子胥和孙武的治理下，吴国的内政和军事都大有起色。吴王极为倚重二人，把他们两人视为左臂右膀。

公元前506年，吴国攻楚的条件已经成熟，孙武与伍子胥制定了战略构想：大军首先进行战略奔袭，深入楚国腹地，然后直捣楚国都城郢。为此，孙武为阖闾制定了一条出乎楚国意料的进军路线，从著名的义阳三关，即武阳关、九里关、平靖关，直插汉水。

吴军按照这一进军路线，顺利地达到汉水，进抵楚国腹地。楚军沿汉水组织防御，同吴军隔水对阵。由于楚军主帅令尹子常擅自改变预定的夹击吴军的作战计划，单独率军渡过汉水进攻吴军，结果在“柏举之战”中大败。吴军乘胜追击，5战5胜，占领了楚的国都郢城。

阖闾去世后，其子夫差继位。随着吴国霸业的蒸蒸日上，夫差渐渐自以为是，不再像以前那样励精图

吴越争霸雕塑

孙膑献策围魏救赵雕塑

治，对孙武、伍子胥这些功臣不再那么重视，反而重用奸臣伯嚭。

孙武的心完全冷了，他意识到吴国已经不可救药。同时也深知“飞鸟尽，良弓藏；狡兔死，走狗烹”的道理，于是他便悄然归隐，息影深山。他根据自己训练军队、指挥作战的经验，修订其兵法13篇，使其更臻完善，最后完成了《孙子兵法》一书。

《孙子兵法》又称《孙武兵法》《吴孙子兵法》《孙子兵书》《孙武兵书》等。《孙子兵法》13篇的内容，体现了孙武的战略战术思想，是先秦兵家的代表著作。

第一篇《始计》，讲的是庙算，即出兵前在庙堂上比较敌我的各种条件，估算战事胜负的可能性，并

战略战术 军事术语，泛指指导或决定全局的策略和作战具体部署和克敌制胜的谋略。战略，是指导战争全局的计划和策略。包括方针、任务、方向和主要作战形式的确定，战略情报、通信、指挥系统的建设等。战术，是指导战斗的原则和方法。主要包括战斗的基本原则、战斗的方法和战斗的组织实施。

邯郸之战浮雕

制订作战计划。作为《孙子兵法》的首篇，在一定程度可以视为孙子卓越军事思想的高度浓缩和精辟概括，它从宏观上对决定战争胜负的政治、军事等各项基本条件进行比较、分析和研究，并对战争的发展进程和最终结局进行预测，尤其强调用兵前的周密谋划对战争胜负的决定作用。

第二篇《作战》，讲的是庙算后的战争动员及取用于敌，胜敌益强。本篇着重分析了战争与经济的关系，战争依赖于经济，但会对经济造成一定程度的破坏。

第三篇《谋攻》，讲的是以智谋攻城，即不专用武力，而是采用各种手段使守敌投降。

第四篇《军形》，讲的是具有客观、稳定、易见等性质的因素，如战斗力的强弱、战争的物质准备。

第五篇《兵势》，讲的是主观、易变、带有偶然性的因素，如兵力的配置、士气的勇怯。

第六篇《虚实》，讲的是如何通过分散集结、包围迂回，造成预定会战地点上的我强敌劣，以多胜少。

第七篇《军争》，讲的是如何“以迂为直”“以患为利”，夺取会战的先机之利。

第八篇《九变》，讲的是将军根据不同情况采取不同的战略战术。

第九篇《行军》，讲的是如何在行军中宿营和观察敌情。

第十篇《地形》，讲的是6种不同的作战地形及相应的战术要求。

第十一篇《九地》，讲的是依“主客”形势和深入敌方的程度等划分的9种作战环境及相应的战术要求。

第十二篇《火攻》，讲的是以火助攻与“慎战”思想。

第十三篇《用间》，讲的是5种军事间谍的配合使用。

《孙子兵法》内容博大精深，思想精邃富赡，逻辑缜密严谨，是古代汉族军事思想精的集中体现。它在我国古代军事学术和战争实践中，都起过极其重要的指导作用。

《孙子兵法》是我国汉族古典军事文化遗产中的璀璨瑰宝，是我国优秀文化传统的重要组成部分。《孙子兵法》也是世界上第一部军事著作，历来备受推崇，被誉为“兵学盛典”和“古代第一兵书”。

阅读链接

孙武初到吴国时，常给吴王讲解战术兵法，不过吴王并不盲从，听不明白的地方，常常和孙武抬扛。比如孙武认为杰出的指挥者可以将娇小的女子训练得像兵士一样坚强勇猛，吴王则认为这不可能。孙武就请求让宫女、妃子来试一试。吴王想看看孙武究竟有没有能耐，就答应了孙武的要求，把100多名宫女、妃子交给孙武训练。

后来，吴王见那些弱不禁风的宫女经过孙武训练后，果然英姿勃勃，对孙武不仅信任，而且更加佩服了。

医家代表扁鹊与《难经》

那还是在我国春秋战国时期，公元前407年，卢国一个姬姓秦氏的普通百姓家里又添了一个男孩，取名为秦越人。

秦越人少年时期在故里做过舍长，即旅店的主人。当时在他的旅舍里有一位长住的旅客叫长桑君，秦越人跟长桑君过往甚密，感情融洽。长期交往以后，有一天长桑君对秦越人说："我掌握着一些秘方验方，可是我已经年老，我想把这些医术及秘方传授予你，你要保守秘密，不可外传。"

扁鹊画像

秦越人当即拜长桑君为师，虚心跟着长桑君学习医术。经过刻苦努力，秦越人最后继承了长桑君的医术，成为了一代名医。

秦越人成名后，就把积累的医疗经验，用于平民百姓。他周游列国，到各地行医，为民解除痛苦。

由于秦越人的医术高超，时人认为他是“神医”，还借用上古神话时代的神医“扁鹊”的名号来称呼他。

据当时人们传说，上古轩辕时有个医术精湛的名医，被人们称为扁鹊。而秦越人医生医术高明、学识渊博，走南闯北、治病救人，走到哪里，就将安康和快乐带到哪里，好比是带来喜讯的喜鹊。于是秦越人就顺理成章地也被人们尊称为“扁鹊”。

扁鹊塑像

扁鹊云游各国，为君侯看病，也为百姓除疾，名扬天下。他的技术十分全面，无所不通。扁鹊在魏国时，魏王曾求教于他：“你们家兄弟三人，都精于医术，谁是医术最好的呢？”

扁鹊：“大哥最好，二哥差些，我是三人中最差的一个。”

魏王不解地说：“请你介绍详细些吧。”

扁鹊解释说：“我大哥给人治病，是在病人病情没发作之前，就提前下药把病人的病根给铲除了，而这个时候，病人并没意识到自己有病，所以，我大哥的医术难以被人认可，也没有名气，只是在我们家里被推崇备至。我二哥给人治病，是治在病人病初起之时，那时病人的症状尚不十分明显，病人也没有觉得

神话时代 世界上所有最古老文明的历史，都是以神话作为起源和开端的。我国的神话时代，以盘古开天辟地为肇始。盘古之后陆续出现了有巢氏、燧人氏、伏羲氏、女娲氏和神农氏这五氏。我国的农业社会始于神农氏。神农氏时，我国神话时代终结，传说时代开始。

扁鹊行医石像

痛苦，我二哥就能药到病除，所以乡里人都认为我二哥只能治小病。我给人治病，往往都是在病人病情十分严重的时候，这时病人痛苦万分，病人家属心急如焚。他们看到我在病人经脉上穿刺，用针放血，或在患处敷以毒药以毒攻毒，或动大手术直指病灶，使重病人病情得到缓解或很快治愈，就以为我医术很高，便四处为我扬名，使我名闻天下。”魏王听后大悟。

扁鹊生活的年代，正是生产力迅速发展和社会发生着激烈变革、动荡的时期，也是人才流动，人才辈出的时代，各国都在竞争人才，形成了招纳贤士的社会风尚。

当时的秦国因地处西陲，一直被中原诸侯轻视。为了改变这种状况，秦国的几位先公先王，都非常重视从东方各国招徕人才，采取了兼收并取之法，为各类人才创造了一个各显其能的用武之地。

除重视治理国家的人才外，秦国对医生也很尊重。秦国给予医生以极好的待遇，所以各国名医纷纷来到秦国。在这种情况下扁鹊也来到秦国。

有一天，秦武王与武士们进行举鼎比赛，不觉伤了腰部、疼痛难忍，吃了太医李醯的药，也不见好转，并且更加严重。有人将“神医”扁鹊已来到秦国的事告诉了武王，武王便传令让扁鹊入宫。

扁鹊看了秦武王的神态，按了按他的脉搏，用力在他的腰间推拿了几下，又让秦武王自己活动几下，秦武王立刻感觉好了许多。接着扁鹊又给秦武王服了一剂汤药，其病状马上就完全消失了。

扁鹊有丰富的医疗实践经验，在总结前人经验的基础上，创立望、闻、问、切“四诊法”。这一方法在临床应用时，收到了显著效果。

除了医术高明外，扁鹊的品质也非常高尚，他看病行医有“六不治”原则：一是依仗权势，骄横跋扈的人不治；二是贪图钱财，不顾性命的人不治；三是暴饮暴食，饮食无常的人不治；四是病深不早求医的不治；五是身体虚弱不能服药的不治；六是相信巫术不相信医道的不治。

相传有名的中医典籍《难经》为扁鹊所著。扁鹊奠定了中医学的切脉诊断方法，开启了中医学的先河。作为我国传统医学的鼻祖，扁鹊对我国中医药学的发展有着特殊的贡献。

阅读链接

据说扁鹊做客馆主管时，他的老师长桑君有一天拿出一付药给他说：“用草木上的露水送服这种药，30天后你就能知晓许多事情。”随后，长桑君又拿出全部秘方交给扁鹊。正当扁鹊看这些秘方时，长桑君忽然就不见了，扁鹊心想长桑君大概不是凡人。

扁鹊按照长桑君说的方法服药，30天后，他就能看见墙另一边的人。扁鹊有了这个特殊功能后，在诊视别人的疾病时，虽然表面上是在为病人切脉，实际上他已经看清了病人五脏内所有的病症。这个传说表达了人们对扁鹊医术高明的赞誉。

禅宗六祖慧能与《肇论》

禅宗六祖慧能

那还是我国东晋时期，长安一个张姓的贫苦人家中，诞生了一个男孩。这个男孩少年时生计艰难，靠代人抄书度日，他在抄书的过程中，阅读了大量的经史典籍，并深受影响。

男孩对当时流行的《老子》《庄子》两书特别感兴趣，认为这两本书是思想上追求玄微境界的重要的引路书，但又总感到这两本书不够尽善尽美。

男孩长大后，有一天他读了三国时吴国的佛经翻译家支谦翻译的宣扬大乘佛教信仰的《维摩诘经》后，非常喜欢，认为终于找到了精神解脱的最好意向。于是，这个有才的青年人便皈依了佛门，法号僧肇。佛教典籍《高僧传·僧肇传》中记载这件事时说：

古籍《肇论》

> 欢喜顶受，披寻玩味，乃言始知所归矣。因此出家。

僧肇成为佛教僧侣以后，“学善《方等》，兼通三藏。”深入研究佛教大乘经籍，通晓经、律、论3类佛教经典。在20岁时，他已经是名振潼关以西长安一带的知名佛教理论家了。

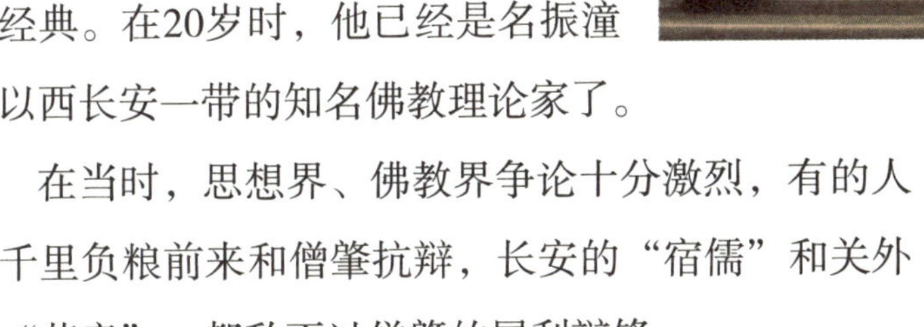

在当时，思想界、佛教界争论十分激烈，有的人竟千里负粮前来和僧肇抗辩，长安的“宿儒”和关外的“英彦”，都敌不过僧肇的犀利辩锋。

正当僧肇在佛教界显示才、崭露头角的时候，天竺高僧鸠摩罗什来到了位于河西走廊的姑臧。于是，僧肇便千里迢迢，奔赴姑臧去拜鸠摩罗什为师，跟从受学，不遗余力，深得鸠摩罗什赏识。

后秦皇帝姚兴于401年派人将鸠摩罗什迎至长安，僧肇也随同前来。此后10多年间，姚兴大力支持鸠摩罗什从事佛经翻译，并命僧肇等人协助。

在鸠摩罗什主持下，僧肇和其他参加听讲的道友共800多人，译出佛教各种经论74部，384卷。鸠摩罗什主持翻译是一边讲解，一边翻译。有时僧肇就把鸠摩罗什的讲解加以整理，作为注释。

僧肇自出家后，通达当时的大乘方等经典以及其

大乘佛教 亦称“大乘教”，略称“大乘”，梵文音译“摩诃衍那”“摩诃衍”等。词汇出于大唐，意思大国佛教。区别于小乘是经文翻译为汉文。大乘佛教则专指汉传佛教，并与南传、藏传组成三大语系。清代把汉文翻译成其他文字的经典统称为大乘佛教。大乘佛教的精神是利益众生，将众生从苦难中解救出来。

般若 佛教用以指如实理解一切事物的智慧。般若智慧不是普通的智慧，是指能够了解道、悟道、修证、了脱生死、超凡入圣的智慧。这不是普通的聪明，这是属于道体上根本的智慧。这不是用思想得到的，而是身心两方面整个投入求证到的智慧。这种智慧才是般若。

他佛教典籍，佛学基础已经相当深厚了，加上长期跟随鸠摩罗什学习，对鸠摩罗什所传的大乘般若空宗的理论领会极深，很有心得。

般若空宗教义的根本特征是认为宇宙的一切存在是性空的，主张用能够洞照性空的大智去观照性空之理。按照这种“空观”，僧肇深刻地意识到，不仅高唱“崇有”的唯物主义思潮是般若空宗的思想大敌，就是当时佛教内部的小乘思想直至对般若空宗不同理解的各学派，也都是不符合般若空宗的真谛的。

魏晋时期，老庄思想盛行，外来的般若思想因与老庄哲学有相似之处，所以许多僧人都是玄学化的佛教学者，他们讲般若与老庄一起谈，在思想上基本不分彼此。

达摩六代祖师像

在当时，学者王弼注《老子》，僧人法汰、道安等谈般若，他们属于一个思想体系，都贵无贱有，而学者郭象、向秀注《庄子》，支遁谈般若，也是同一个思想体系，又都贵有贱无。僧肇认为这两派的主张都是偏执，都不符合佛教的本义。于是，他撰写论文，有针对性地就佛教的哲学理论基础问题发表重要见解。

僧肇所论述的对象是宇宙间的一切事物，一切现象是否真正存在的问题，即“有”“无”“真”“假”的问题。

僧肇通过对宇宙万物性空的分析，教人们通过修“智”的宗教实践，用佛教智慧去洞照性空之理，即直接就万物的假有看出它的本性空无，从而达到佛教信仰者向往的最高境界，求得人生的根本解脱。僧肇以流畅的文字准确地表达了般若空宗的基本思想，为此在社会上产生了重大影响。

僧肇还撰写了《物不迁论》《不真空论》等重要佛学论文。除了这

篇论文外，僧肇还写了《维摩经注序》《长阿含经序》和《百论序》3篇序文，之后又撰写了《鸠摩罗什法师诔》。

僧肇的论文是结合老庄的哲理，以《维摩》《般若》《三论》为宗，眉缘生无性，立处皆真的道理，畅谈体和用、动和静、有和无等问题。

慧能塑像

僧肇去世后，有人将他的《物不迁论》《不真空论》《般若无知论》《涅盘无名论》4篇论文合编为一书，取名《肇论》。

在《物不迁论》中，僧肇用“物之不迁”证得因果不灭，以因果不灭论说明三世因果的必然性和修行成佛的可能性。《不真空论》着重阐述般若性空思想，认为万事万物是由因缘合和而成，所以虽无而有，虽有而无，非有非无，总之为“空”。《般若无知论》着重论述佛教智慧的无知无相，而又无所不知，洞彻万物。《涅盘无名论》探讨的是有关涅盘的深意。

涅盘 又译为般涅槃、波利眤缚男、泥洹、涅槃那。佛教用语，意义是指清凉寂静，恼烦不现，众苦永寂；具有不生不灭、不垢不净、不增不减，远离一异、生灭、常断、俱不俱等等的中道体性意义；也即成佛。佛教认为，轮回是一个必然过程，而只有到达涅盘的境界方可摆脱轮回。

《肇论》是较全面系统发挥佛教般若思想的论文集，在我国佛教史上具有非常崇高的地位。

禅宗发展到唐代，其代表人物是六祖慧能。慧能于唐高宗仪凤年间到广州法性寺。当时法性寺印宗法师在寺内讲《涅盘经》，一天讲“时有风吹幡动”时，问弟子们到底是什么在动，有的弟子说是风动，有的弟子说是幡动，为此，弟子们争论不休。这时，惠能说：

不是风动，亦非幡动，仁者心动。

印宗法师听到竦然若惊，当得知惠能得黄梅弘忍大师的真传后，马上拜惠能为师。次年春，惠能离开法性寺，北上南寺开山传法，前来送行的有1000多人。在南寺，六祖惠能传教说法长达37年之久。

其间，韶州刺史韦璩曾邀请惠能到韶州开元寺即后更名为大梵寺讲经，其言行被弟子法海汇编成书，这就是被奉为禅宗宗经的《六祖大师法宝坛经》。

《六祖大师法宝坛经》，亦称《坛经》《六祖坛经》，全称《南宗顿教最上大乘摩诃般若波罗蜜经六祖惠能大师于韶州大梵寺施法坛经》。

在佛教中，只有佛祖释迦牟尼的言行记录能被称作 “经”，而一个宗派祖师言行录也被称作“经”的，惠能是绝无仅有的一个。

唐玄宗时的713年，惠能圆寂于家乡新州国恩寺，享年76岁。次年，六祖惠能真身迁回曹溪，供奉在灵照塔中。

六祖慧能塑像

惠能在生前就深得朝廷的恩宠，唐代女皇武则天曾于696年为“表朕之精诚”，特地遣中书舍人赐给

达摩六代祖师像

惠能水晶钵盂，磨衲袈裟、白毡等礼物。武则天的诏书表达了对惠能十分尊崇的心情：

恨不赴陪下位，侧奉聆音，倾求出离之源，高步妙峰之顶。

惠能去世后，唐宪宗追谥惠能为“大鉴禅师”，宋太宗又加谥为“大鉴真空禅师”，宋仁宗再加谥为“大鉴真空普觉禅师”，最后宋神宗再加谥为“大鉴真空普觉圆明禅师。”唐朝文学大家王维、柳宗元、刘禹锡等都先后为惠能撰写过长篇碑文，以记述他的事迹。

唐玄宗时在河南滑台的无遮大会上，惠能弟子辩倒了神秀的门人崇远、普寂，使得“南宗”成为我国禅宗正统。

阅读链接

六祖惠能圆寂后，新州、韶州、广州、端州等地的善信都想争迎六祖惠能的真身回去供奉，最后有人提议焚香的办法听取神喻。结果香烛点燃后轻烟北飘，直指曹溪。新州的官员、僧尼、百姓因留不住六祖惠能的真身而恸哭，心有不甘。当晚，国恩寺的和尚都做了同一个梦，梦见六祖惠能坐在蒲团上对他们说：“你们不要悲伤，我是身在宝林心在家。”

新州的官员、僧俗依依不舍地恭送六祖惠能真身，以及袈裟圣钵到韶州曹溪。法海、神会等一齐护送，半个月后，六祖惠能真身回到他生活了37年的弘法道场宝林寺。

无神论者王充与《论衡》

那还是我国东汉时期的27年，在会稽上虞的一个王姓的贫苦人家中，诞生了一个男孩，父母给他取名叫王充。

王充的祖上曾经是西汉魏郡元城荣耀非凡的显达望族，王氏一门内外，上有皇后、宰相，下有列侯、将军及各级官吏。但到了东汉时期，随着政权的转移，王充祖上丢掉了爵

■ 王充（27年—约97年），字仲任，会稽上虞人，他的祖先从魏郡元城迁徙到会稽。王充年少时就成了孤儿，乡里人都称赞他孝顺。后来到京城，到太学里学习，拜扶风人班彪为师。《论衡》是王充的代表作品，也是我国历史上一部不朽的无神论著作。

位和封地，由燕赵之地迁居秀水江南，成为以桑为业的普通人家，家族也从此走向衰落。

王充四五岁的时候，与他同龄的孩子都喜欢掩雀捕蝉，戏钱爬树，王充却从来不去参与，从小就表现出孤介寡和，端庄严整的气质。这引起父亲王诵的重视，于是王诵在王充6岁便开始教他读书写字，在王充8岁时便把他送进小学读书。

当时，跟王充一起读书的学童有100多个人，这些学生都因过失和书法不工遭到过老师的体罚，唯有王充书法日进，又无过错，从没被老师指责。

学会写字后，王充便告别了书馆，开始了儒家经典的专经学习和儒家道德的修习。没过多久，王充的父亲就去世了，失去父亲的少年王充，不但在学习上更加用功，而且对母亲非常孝顺。

王充为了学习更多的知识，常常想尽办法向人借书看，以增加自己的知识。有一次，他到国都洛阳，经过书坊时他看到里面有很多他没读过的书，便忘了要办的事，在书坊一本接一本翻阅起来。

天色渐渐暗了下来，书坊老板对他说：“小伙子，你已经看了一天书了，到底要买哪一部？”

王充吃惊地抬起头来，不好意思地说：“对不起，我没钱买书。”

书坊老板问道：“你既然没有钱，你来书坊干什么呢？”

王充说：“我来这里是想看些书。”

书坊老板讥讽他说：“你这么匆忙地一本接一本地翻阅，看得进去吗？”

王充自信地说：“当然看进去了，我不但看进去了，而且我还能背出来呢！”

书坊的老板不信，说道：“如果你能背得出哪一部书的话，我就把这部书送给你；如果背不出，以后就不许再到我这里来白看书了，行吗？”

王充一口答应，接着，王充便不慌不忙地把自己刚才看过的几部书从头到尾开始背出来。

书坊老板也是个有点学问的人，惊讶之余，马上意识到这个年轻人不同凡响，于是，把王充刚才翻过的几部书全部送给他了。

东汉京师在洛阳，当时是全国政治、经济、文化的中心。东汉的开国皇帝汉光武帝刘秀本是南阳的一位书生，夺得天下后，特别注重

东汉官员画像砖

王允《论衡》浮雕

文雅，尤尚儒术。为了安抚这批饱学通经之士，汉光武帝特起太学，设博士，用他们来教授生徒，造就人才。

在当时，太学既是当时全国的最高学府，而且典籍丰富，名流萃集，也是全国最权威的学术活动中心。因此四方郡县都挑选优秀青年进入太学深造，少年也王充因成绩优异被保送到太学兰台学习。

兰台是东汉的皇家图书馆和国家史馆，在那里读书作文，皆由公家供应纸墨，条件优越，待遇优厚，因此时人称进入兰台为登蓬莱，世以为荣。

王充在太学学习期间非常勤奋，他经常利用课余的时间读各种书，没过多久，他便把太学里收藏的书几乎都读遍了。于是，王充便常常去街市的店铺里找书来读。由于家里穷，没钱买，他便经常在店铺里借书看。

王充读书十分认真，记忆力又强，一部新书，读过一遍就能把主要内容记下来。因此，王充对各家各派的学说著作都非常熟悉。

在当时，太学受今文经学的影响，盛行章句之学。传经注重家法师承，先生们将先师的遗教记下，章有章旨，句有句解，称为“章句”。弟子们反复记

太学 我国古代大学。太学之名始于西周。汉代始设于京师。汉代太学建立，标志着我国封建官立大学制度的确立。汉代太学在传播文化方面，也起了重要作用。太学提倡自学、允许自由研讨、鼓励学成通才的做法，对于今天改革大学教育仍然富有启发。

诵，味同嚼蜡；恪守师训，不敢越雷池一步。

东汉有个著名经学家叫桓谭，其治学特点是“训诂举大义，不为章句”，在思想方法上颇具求实精神，喜好古文经学，常与学者刘歆、扬雄“辨析疑异”，尤其反对当时盛行的谶纬神学。他曾在汉光武皇帝面前冒着杀头的危险非议谶纬神学，对俗儒的鄙俗见解更是深恶痛绝，常常调笔讥讽，“由是多见排抵”。

王充对桓谭最为钦佩，他认为桓谭为汉世学术界断定是非，就像一个公正的执法官一样，并把桓谭称为“素丞相”，以配孔子“素王”，认为评定世间的事情，讨论世间疑难，没有一个学者比得上桓谭。受桓谭的影响王充对神学迷信、俗说虚妄也深不以为然。

有一天，有人给王充他们讲故事，说春秋时期有个善良的楚惠王，这个楚惠王有次吃酸菜时，发现酸

桓谭（前23年—50年），字君山，沛国相人。东汉哲学家、经学家、琴家。桓谭的论著很受时人和后世学者重视。桓谭是两汉之际著名学者。桓谭治学，求知求实，追求真理，不唯命是从，不怕打击迫害，这种治学精神，难能可贵，是值得士人学者学习的。

东汉车马出行图

无神论 从广义上来讲，无神论是不相信一切鬼神或灵魂的存在的思想的总和；狭义上，无神论指认为鬼神不存在的思想。无神论并没有统一的哲学思想，但一些无神论者可能相信诸如占星术、缘分等伪科学。无神论经常同反神论相混淆，前者是拒绝相信有神论，而后者是直接明确反对有神论。

菜里有一只水蛭。如果他把这条水蛭挑出来的话，厨师就会因此被处死。楚惠王怜悯厨师，就不声不响地把水蛭和酸菜一起吞到肚里。到了晚上，楚惠王大便时，不但把水蛭排泄了出来，而且原来肚子疼的病也痊愈了。

王充听完这个故事，马上就批驳了这种说法，王充解释说："因为人肚内的温度高，水蛭经受不住，热死了，所以被排泄出来。又因为楚惠王肚内有淤血，水蛭恰好吸血，在水蛭还没热死的时候，把他肚内的血都吸走了，所以楚惠王的病自然会好了。这是巧合，而不是'善有善报'。"

东汉时期，儒家思想在意识形态领域里仍占支配地位，但与春秋战国时期所不同的是儒家学说打上了神秘主义的色彩，掺进了谶纬学说，使儒学变成了"儒术"。王充针对这种儒术和神秘主义的谶纬说进行批判，为此特写了《论衡》一书。

东汉牛耕壁画

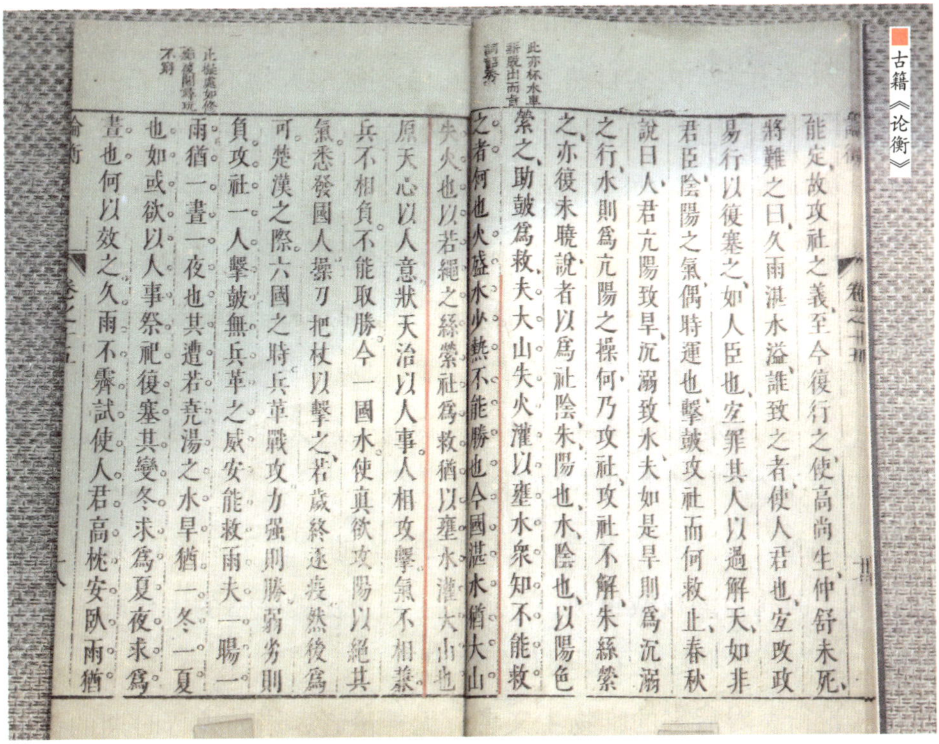
能定故攻社之義至今復行之使高尚生仲舒未死
將難之曰久雨湛水溢誰致之者使人君也安改政
易行以復塞之如人臣也安罪其人以過解天如非
君臣陰陽之氣偶時運也擊鼓攻社而何救止春秋
說曰人君亢陽致旱沉溺致水夫如是旱則爲沉溺
之行水則爲亢陽之操何乃攻社攻社不解朱絲縈
之亦復未曉說者以爲社陰朱陽也水陰也以陽色
縈之助鼓爲救夫大山失火灌以壅水衆知不能救
之者何也火盛水少熱不能勝也今國湛水猶大山
失火也以若繩之絲縈社爲救猶以壅水灌大山也
原天心以人意狀天治以人事人相攻擊氣不相綦
兵不相負不能取勝今一國水使真欲攻陽以絕其
氣悉發國人操刀把杖以擊之若歲終逐疫然後爲
可楚漢之際六國之時兵革戰攻力強則勝弱劣則
負攻社一人擊鼓無兵革之威安能救雨夫一暘一
雨猶一晝一夜也其遭若堯湯之水旱猶一冬一夏
也如或欲以人事祭祀復塞其變冬求爲夏夜求爲
晝也何以效之久雨不霽試使人君高枕安臥雨猶

古籍《论衡》

为了写《论衡》，王充搜集的资料装满了几间屋子，房间的窗台上、书架上都放着写作的工具。在写作过程中，他闭门谢客，拒绝应酬，用了几年的功夫才写成。

《论衡》细说微论，解释世俗之疑，辨照是非之理，即以“实”为根据，疾虚妄之言。“衡”字本义是天平，《论衡》就是评定当时言论的价值的天平。它的目的是“冀悟迷惑之心，使知虚实之分”，也就是宣传科学和无神论，对迷信进行了批驳。

在《论衡》里，王充提出天地万物都是由“气”构成，“气”是一种统一的物质元素。“气”有“阴气”和“阳气”，有“有形”和“无形”，人、物的生都是“元气”的凝结，死灭则复归元气，这是个自然发生的过程。

由“气”这个物质性的元素出发，《论衡》指出“天乃玉石之类”的无知的东西，万物的生长是“自然之化”。天地、万物和人，都是由同一的充塞于宇宙中的气形成，而且是在运动的过程中形成，所以，“外若有为，内实自然”。而人与天地、万物不同的是“知饥知寒”“见五谷可食之，取而食之；见丝麻可衣，取而衣之”。所以，人和五谷不是上天有意创造出来的，而是“气”的“自然之化”。

《论衡》不仅对当时的儒术进行了尖锐而猛烈地抨击，而且它还批判地吸取了先秦以来各家各派的思想，特别是道家黄老学派的思想，对先秦诸子百家的“天道”“礼和法”“鬼神与薄葬”“命”“性善和性恶”等等，都进行了系统的评述。因此，后人称《论衡》书是“博通众流百家之言”的古代小百科全书。

《论衡》敢于宣布世界是由物质构成的，敢于不承认鬼神的存在，敢于向孔孟的权威挑战，并确立了一个比较完整的古代唯物主义体系，这在历史上是起了划时代的作用的。

《论衡》对后来的唯物主义者、无神论者，诸如魏晋时期的哲学家杨泉、南朝宋时的思想家何承天、南朝齐梁时的无神论者范缜、唐朝时期的大学问家刘禹锡和柳宗元、明清之际的思想家王夫之等等，都产生了不同程度的影响。

阅读链接

王充到太学的时间，大约在建武年间的44年，年纪18岁，风华正茂，正是学知识、长见识的大好时机。不过，当时太学受今文经学的影响，盛行章句之学。加之汉光武帝沉迷纬书谶记，事无巨细，皆决于图谶，神学迷信，充斥学坛。

当时的太学教育不仅方法僵死，而且内容虚诞。好在这时王充的前辈学者社林、郑众、桓谭、班彪等人都在京师，他们都是古文经学家，博学淹贯，号称大儒。在数家之中，王充对桓谭和班彪最为推崇，受他们的影响也最深。